„Wir haben in den letzten Jahren viel für unsere Gemeinde geschafft und wir wollen endlich wieder VOLLEN EINSATZ - STATT STILLSTAND mit Ihrer/Eurer Unterstützung für unser Muckendorf-Wipfing!"

Hermann Grüssinger
Kandidat der WMW – LHG
Wahlgemeinschaft Muckendorf-Wipfing
für die Wahl zum Bürgermeister

Wahlgemeinschaft Muckendorf-Wipfing / Liste H. Grüssinger

Autor: Hermann Grüssinger / Alois Gmeiner

VERLAG-IDEENMANUFAKTUR

www.ghostwriter-buchautor.com
Konzept, Layout, Covergestaltung: Alois Gmeiner
Fotos: Archiv Grüssinger,Gmeiner,StockFotos: Freepik
Verlag: BoD · Books on Demand GmbH, In de Tarpen 42,
22848 Norderstedt
Druck: Libri Plureos GmbH, Friedensallee 273,
22763 Hamburg
© 2024

ISBN: 978-3-7693-1111-2

Wahlgemeinschaft Muckendorf-Wipfing / Liste H. Grüssinger

MUCKENDORF-WIPFING:
DIE GOLDENEN JAHRE

25 wunderbare Meilensteine unserer Gemeinde!

**Eine Gemeinde blüht auf: Rückblick und Ausblick
von Hermann Grüssinger**

Wahlgemeinschaft Muckendorf-Wipfing / Liste H. Grüssinger

Inhaltsverzeichnis

Muckendorf-Lied

Vorwort

Liebe Mitbürgerinnen und Mitbürger,

In den 90er-Jahren war ich als junger Kommunalpolitiker Feuer und Flamme, unsere Gemeinde aus der Großgemeinde Zeiselmauer loszulösen, um all jene Vorteile zu haben, um unsere Gemeinde positiv zu gestalten. Der damalige Bürgermeister regierte auf eine Weise passiv, die ich unerträglich fand, und so entschied ich mich, aktiv zu werden und eine Veränderung herbeizuführen.

Aktivität im Zeichen der Eigenständigkeit und Souveränität unserer Gemeinde!
Das war immer meine Antriebskraft und meine Motivation!

Gemeinsam mit politischen Mitstreitern setzten wir uns damals das Ziel, uns loszulösen und selbständig und eigenständig zu werden.

Doch der Weg war steinig und wir mussten uns gegen Widerstände von verschiedenen Seiten behaupten, bis hin zu Landeshauptmann Erwin Pröll. Sturschädel, die wir „Gott sei Dank" waren (und ich glaube, bis heute immer noch sind), ließen wir uns nicht entmutigen und arbeiteten hart daran, unsere Ziele zu erreichen. Letztlich konnten wir in den darauffolgenden Wahlen im Jahr 1998 unsere Position weiter stärken und die Mehrheit im Gemeinderat, unserer nun selbständigen Gemeinde sichern.

Es war ein wichtiger Schritt für uns, um unsere Pläne für eine nachhaltige Entwicklung der Gemeinde voranzutreiben. So konnten neue Projekte initiiert und finalisiert werden, die unser aller Lebensqualität in Muckendorf-Wipfing verbessert haben. Es war ein weiterer Schritt auf unserem Weg, meine Visionen in die Realität umzusetzen und unsere Heimatgemeinde zu einem noch lebenswerteren Ort zu machen.

Die Infrastruktur wurde ausgebaut, unsere Anliegen erhielten mehr Förderung und kulturelle Veranstaltungen wurden rege besucht. Unsere Bemühungen trugen Früchte und jeder spürte die positive Veränderung.

Stillsitzen – das gibt es nicht!

Ich hatte die Freude, in den folgenden Jahrzehnten mehrmals mit 2/3 Mehrheit als Bürgermeister wiedergewählt zu werden und dadurch konnten wir all jene Dinge umsetzen, von denen wir heute als Gemeinde profitieren.

Immer im Einsatz – so wie hier bei der Hilfe bei Essen auf Rädern!

Einige Highlights aus meiner Zeit als Bürgermeister:

Selbständigkeit als Gemeinde Muckendorf-Wipfing 1.1.1998, Wappenverleihung, Bau von Kindergarten, Schule, Wirtschaftshof, Radweg Muckendorf-Wipfing, Errichtung von Startwohnungen, Sportplatz, Feuerwehrhaus, Haus der Generationen und Lärmschutz der ÖBB-Strecke
Das sind nur einige der vielen, vielen Dinge, von denen ich sagen kann, dass ich maßgeblich an der Realisierung beteiligt war. Und darauf bin ich stolz!

(einige davon haben wir in diesem Buch aufgelistet)

Aber ausruhen war noch nie meine Sache, also setzten wir uns weiterhin ehrgeizige Ziele. Es war ein stetiger Prozess, der viel zu jener lebenswerten Umgebung beigetragen hat, die wir heute sehen und täglich in unserer Gemeinde erleben dürfen. Mit Unterstützung des Landes NÖ konnten wir rund 25 Millionen Euro in die Zukunft unserer Gemeinde investieren.

Leider ist aktuell Sand ins Getriebe gekommen!

Denn diese „goldenen" Zeiten scheinen vorüber zu sein. Ich sage es, wie es ist. Wir lassen uns derzeit die Butter vom Brot nehmen – weil der aktuelle Bürgermeister – NICHTS TUT!

Vielleicht kann oder will ER ja auch gar nicht mehr sein Amt erfüllen. Es wirkt alles müde und eingeschlafen in unserer Gemeinde und wichtige Entscheidungen bleiben einfach – unbearbeitet liegen. Vielleicht will er nicht mehr!

GERMANN und SEIN TEAM sind erst ein bisschen mehr als 1,5 Jahre im Amt und schon zeichnen sich die negativen Auswirkungen ab. Nichtstun bringt niemandem etwas!

WIR MÜSSEN WAS TUN!
WIR MÜSSEN WIEDER AKTIV WERDEN!

Darum möchte ich noch einmal als Bürgermeister kandidieren!

Warum ich als Bürgermeister noch einmal kandidiere

Ganz ehrlich! Ich bin aktuell schwer enttäuscht davon, wie meine Nachfolger die Agenden dieser bisher so aufstrebenden Gemeinde handhaben. Oder besser gesagt – nicht handhaben. Denn derzeit ist fast nur Stillstand in der Gemeinde. Sogar bei extrem wichtigen Entscheidungen wird lieber schüchtern abgewartet und wertvolle Zeit vertan, anstatt mutig zu agieren, um das Beste für unsere Gemeinde zu erreichen.

Vieles steht derzeit in unserer Gemeinde einfach STILL!
Ich will, dass sich was in unserer Gemeinde BEWEGT!

Der Schulcampus für unsere Kinder	**STEHT STILL**
Die Photovoltaik initiative	**STEHT STILL**
Kindergartenbau	**STEHT STILL**
Wohnraumschaffung für Jungfamilien	**STEHT STILL**
Umweltschutz Aktivitäten	**STEHT STILL**

ICH WILL DAHER WIEDER AKTIV WERDEN!

ICH UND MEIN TEAM BITTEN UM EURE UNTERSTÜTZUNG am
26. JÄNNER 2025

 Wahlgemeinschaft Muckendorf-Wipfing / Liste H. Grüssinger

Ich bin stolz auf das Erreichte und will dem aktuellen Stillstand entkommen. Ich hoffe daher, dass wir mit gemeinsamer Kraft und Eurer Stimme auch in Zukunft unserer Gemeinde wieder weitere „goldene Jahre" ermöglichen können.

Mit Eurer Unterstützung und der Wahlgemeinschaft Muckendorf-Wipfing Liste H. Grüssinger.

Ihr „ehemaliger" Bürgermeister
Hermann Grüssinger, der im Jänner 2025
noch einmal als Bürgermeister antritt, um mit
Eurer Stimme wichtige Dinge in unserer Gemeinde zu
verbessern.

Hermann Grüssinger

www.wahlgemeinschaft-muckendorf-wipfing.at

Stolz auf unsere Heimat!

Dieses Buch ist eine Liebeserklärung an unsere schöne Gemeinde, die wir zusammen in den letzten Jahrzehnten im wahrsten Sinn des Wortes geschaffen haben.

Das können nicht viele von den über 2000 Gemeinden in Österreich von sich behaupten. Bei Muckendorf-Wipfing stimmt es aber zu 100%. Denn unsere Sturheit und unser Durchhaltewillen hat dazu geführt uns von Zeiselmauer zu trennen und eine eigenständige Gemeinde zu gründen!

DANKE DAFÜR AN ALLE DIE DAZU BEIGETRAGEN HABEN!

Small is beautiful – und stolz aufs „stur" sein!

Muckendorf-Wipfing:
Viel erreicht – noch mehr vor!

Wir befinden uns im Jahre 1992.
Jede Gemeinde in Niederösterreich will größer werden...
Jede Gemeinde? Nein!

Ein von unbeugsamen Gemeindebewohnern bevölkerter Ort hört
nicht auf Widerstand zu leisten.

Wahlgemeinschaft Muckendorf-Wipfing / Liste H. Grüssinger

In den sanften Hügeln Niederösterreichs, eingebettet zwischen Donau und Wienerwald, liegt die Gemeinde Muckendorf-Wipfing – ein Ort – unser Ort. Wir sind stolz und manchmal ein bissl stur, aber wir wissen, was wir wollen!

Und, wir wollten „wir" bleiben!

Nicht zufällig beginnt dieses Buch mit dem (leicht abgeänderten) ersten Satz, das in jedem Asterix-Obelix Abenteuer vorkommt. Denn auch die Erfolgsgeschichte von Muckendorf-Wipfing ist nicht ohne den Widerstand, den Stolz und die Sturheit seiner Bewohner zu erklären. Heute ist es eine blühende Gemeinde, die in den letzten Jahren immer wieder als leuchtendes Beispiel für herausragende und positive Gemeindeentwicklung gegolten hat.

Vor rund drei Jahrzehnten entschied sich dieser Ort für einen mutigen Schritt. Mit der Trennung von der Großgemeinde Zeiselmauer begann 1992 eine Ära, die Muckendorf-Wipfing in eine blühende Gemeinde verwandelte, die sich als hochqualitativer Wohnstandort am Rande der Bundeshauptstadt etablierte.

Damals haben die stolzen Bewohner dieser beiden kleinen Orte eine Entscheidung getroffen, die die Zukunft aller nachhaltig prägen sollte. Dieser Entschluss, der gegen den damaligen Trend größerer und vermeintlich effizienterer Ortsverbunde ging, war ein Bekenntnis zum Prinzip "Small is Beautiful".

Die Entscheidung, eine bereits 1972 vollzogene Gemeindezusammenlegung rückgängig zu machen, war nicht nur ungewöhnlich, sondern auch hoch umstritten. Doch Muckendorf-Wipfing hat bewiesen, dass nicht allein Größe, sondern vor allem Gemeinschaft wichtig ist. Die Gemeinde hat gezeigt, dass individuelle Besonderheiten und lokale Bedürfnisse der Bevölkerung in einem kleineren Rahmen oft besser erkannt und erfüllt werden können, als dies bei großen Gemeindezusammenlegungen möglich wäre.

In diesem Sinn sehen wir uns tatsächlich als die mutigen und stolzen Gallier Niederösterreichs, die nicht immer alles so machen, wie alle anderen.

Ich hoffe, Sie sehen das auch so!

Auch in den letzten Jahren und Jahrzehnten hat die Gemeinde eine bemerkenswerte Transformation erlebt. Die Geschichte dieser Veränderung begann Anfang der 90er Jahre mit der Gründung der Dorferneuerungsvereine in Muckendorf und Wipfing. Sie legten den Grundstein für eine Reihe von Initiativen, die das Gesicht der Gemeinde zum Positiven veränderten. Schon im darauffolgenden Jahr, 1993, öffnete die erste Kindergartengruppe ihre Türen, ein Zeichen des wachsenden Gemeinschaftssinns und der Sorge um die jüngsten Einwohner. Die direkte Umgebung zur Bundeshauptstadt Wien war für viele der Grund für den Zuzug. Sozusagen – mit Sack und Pack!

Die vergangenen Jahrzehnte waren daher eine Zeit des Wachstums und der Entwicklung für Muckendorf-Wipfing. Die Gemeinde hat sich von den vielen Nachteilen einer Großgemeinde befreit und ist zu einer blühenden, eigenständigen Gemeinschaft herangewachsen, die jährlich neue Bewohner anzieht. Mit wohlüberlegten Investitionen und einer Fülle von Initiativen hat sie sich zu einem begehrten Wohnort mit exzellenter Infrastruktur entwickelt.

Muckendorf-Wipfing ist ein Paradebeispiel dafür, dass kleinere Gemeinden nicht nur überleben, sondern auch gedeihen können. Sie ist ein Beweis dafür, dass eine Gemeinde mit einer klaren Vision und dem Mut, eigene Wege zu gehen, eine Qualität des Lebens bieten kann, die in größeren Strukturen oft verloren geht.

Wir sind ein Vorbild dafür, wie eine Gemeinde mit Stolz und Zuversicht ihren Weg geht und dabei das Wohl aller Generationen im Blick behält. Es muss daher die Hoffnung und der Wunsch ALLER sein, dass Muckendorf-Wipfing diesen Weg selbstbewusst weitergeht und seinen Bürgerinnen und Bürgern eine von Wohlstand erfüllte Zukunft bietet.

Wir brauchen wieder ein Schlückchen Zaubertrank!

Denn: Leider ist ein wenig Sand ins laufende Getriebe der Gemeinde eingedrungen!

Der Aufwärtstrend unserer Gemeinde scheint seit einigen Monaten zu stocken!

Leider hat die aktuelle Gemeinde-Führung – nicht gewählte, sondern selbsternannte – unter Bürgermeister Harald Germann nicht die notwendige Kraft, jene Schritte zu setzen, um dieses zentrale Bildungsprojekt in Muckendorf-Wipfing zu realisieren.

Die Chance, aus dem Schulverband auszutreten und wiederum eine EIGENE Schule zu realisieren, gibt es nur alle 50 bis 100 Jahre. Diese Chance jetzt zu vergeben ist gröbst fahrlässig von der aktuellen Gemeindeleitung und zeugt nicht von großem Weitblick. Es stellt sich die Frage, ob dies wirklich der Weitblick ist, den unsere Gemeinde verdient – und für den wir so „berühmt" sind. Es wäre eine zukunftsweisende Entscheidung, die nicht nur den aktuellen, sondern auch den zukünftigen Generationen von Schülerinnen und Schülern gerecht wird.

Der Muckendorf-Wipfing-Schulcampus ist ein mutiges Vorhaben, das eine Ganztagsschule mit umfassenden Serviceleistungen vorsieht. Es ist nicht nur eine Investition in die Bildung, sondern auch in die Lebensqualität unserer vielen Familien.

Wir stehen fest hinter dem Konzept des Schulcampus, der als Juwel unserer Gemeinde dienen und anderen Ortschaften als Vorbild gelten soll. Noch dazu ist ja der größte Teil dieses umfassenden Konzeptes mit dem HDG, den Kindergarten sowie mit der Sportanlage ja bereits realisiert. Es ist ein Aufruf an alle Bürgerinnen und Bürger, sich für die Verwirklichung dieses

Projekts einzusetzen und es nicht anderen Gemeinden zu überlassen.

Ich ermutige alle, JETZT IHRE STIMME dazu zu nutzen, den Schulneubau voranzutreiben, der unseren bereits bestehenden Campus erweitern und verbessern würde. Wir müssen gemeinsam mutig und entschlossen wie Asterix und Obelix für die Bildung unserer Kinder kämpfen und zeigen, dass Muckendorf-Wipfing eine Gemeinde ist, die ihre Zukunft selbst in die Hand nimmt.

Wir kämpfen für die Bildung unserer Kinder wie die Gallier ...

... und für den Schulcampus Muckendorf-Wipfing

VOLLER EINSATZ – STATT STILLSTAND – Sie entscheiden!

VIEL ERREICHT - NOCH MEHR VOR!

Gemeindeamt

Kindergärten Wirtschaftshof Wasserversorgung

Haus der Generationen und Eventlocation

Gemeindewohnungen, Sportplatz, Feuerwehrgebäude

Kapellen, Friedhof und Aufbahrungshalle

Hauptplatz, Freizeit und Hafen

DAS HABEN WIR GESCHAFFT!

1992
NÖ-Dorferneuerung Muckendorf
NÖ-Dorferneuerung Wipfing

1993
Kindergartengruppe 1 Muckendorf

AB 01.01.1998
Eigenständige Gemeinde Muckendorf-Wipfing

1998
Kanal BA 4,5 und 6

1999
Wirtschaftshof
Wappenverleihung

2000
Zeitstrahl
Gesunde Gemeinde
Ankauf Augrundstück als Brunnenfeld für die WVA MuWi

2001
Radweg Muckendorf-Wipfing

2002
Startwohnungen und erste Veranstaltungsräume
Halterhaus Wipfing

2003
Errichtung von Sportplatz und Technikgeschoss des HDG

2004
Ankauf eines TLF 2000 der Feuerwehr

 Wahlgemeinschaft Muckendorf-Wipfing / Liste H. Grüssinger

2005
Haus der Generationen
Sport- und Freizeitzentrum

2006
Kindergartengruppe 2 Muckendorf
Brunnenbau für die Wasserversorgungsanlage

2006-2007
WET-Wohnbauprojekt (Johann Strauß-Gasse)

2006-2009
Wasserleitungsbau Wipfing

2007
Erlebnis-Spielplatz Wipfing

2008
Wasserleitungsbau Muckendorf

2009
Lärmschutz ÖBB-Strecke
Wasserversorgungsanlage Wipfing

2010
Beitritt Klimabündnis-Gemeinde

2011
Gemeinde-Friedhof wird errichtet

2012
Grundzertifikat Gesunde Gemeinde

2013
Kreativausstellung
Gesunde Gemeinde Plakette

2014
Gemeindeamt Neubau
Umgestaltung des Amtshausplatzes
Kindergartengruppe

2015
Neubau und Eröffnung des Hauses der Freiwillen Feuerwehr
Umstellung auf LED-Beleuchtung
Funcourt

2016-2017
Eröffnung Schritteweg
Renovierung altes Amtshaus
Bau Aufbahrungshalle
WET-Wohnbauprojekt (Seeweg)

2018
Kindergarten 2, Zweite Gruppe wird eröffnet
20 Jahre Muckendorf-Wipfing Feier

2019
Neues Atemschutz System für die FF Muckendorf-Wipfing wurde
angeschafft
Erneuerung Hauptgrabenbrücke

2020
Die über Jahre gelaufenen Gemeindestraßenbauten bzw.
Sanierungen sind weitgehend abgeschlossen
Park & Ride Anlage wurde erweitert
Die COVID-Pandemie trifft auch unsere Gemeinde mit voller
Härte.

2020
Beginn Erweiterung der WVA und Errichtung der
Entmanganungsanlage
Radweg nach Königstetten wird beschlossen
Ankauf Grundstück für Begleitendes Wohnen

 Wahlgemeinschaft Muckendorf-Wipfing / Liste H. Grüssinger

2021
Hundeauslaufzone wird errichtet
Bebauungsplan wurde dahingehend geändert, dass eine
vorsichtige und vernünftige Verdichtung möglich wird

2022
Baubeginn Wohnhaus für begleitendes Wohnen

2023
Jänner wurde seitens der Kindergarten-Kommission der weitere
Ausbau des Kindergarten 2 mit einer weiteren Gruppe bewilligt

2024
Apropos: Für die Jahre „meiner" Bürgermeisterzeit gab es eine
wunderbare nachträgliche und offizielle Auszeichnung für die
vorbildliche Finanzgebarung unserer Gemeinde. Das besagt der
wichtige KDZ-Quicktest. Muckendorf-Wipfing liegt auf dem
ausgezeichneten 186. Platz von mehr als 2000 (!) Gemeinden!
Uns wurden durchwegs gute Noten und Bewertungen gegeben.

2024 –
Beginn des „Stillstandes" in der Gemeinde durch meine Abwahl
und die Übernahme durch den „nicht gewählten" neuen
Bürgermeister Harald Germann.

2025
Der 26. Jänner ist ein wichtiger Termin für unsere Gemeinde.
VOLLER EINSATZ – STATT STILLSTAND – Sie entscheiden!
Bitte wählen Sie für Liste H. Grüssinger!

Muckendorf-Wipfing war seit jeher ein leuchtendes Beispiel für den Geist einer eingeschworenen Einwohnerschaft und den Stolz seiner Bürger.

Unsere Gemeinde demonstriert eindrucksvoll, wie ein starkes Zusammengehörigkeitsgefühl und eine alle Bedürfnisse berücksichtigende zukunftsorientierte Vision eines Bürgermeisters dazu beitragen können, einen Wohnort von außergewöhnlicher Qualität zu erschaffen. Es ist die Erfolgsgeschichte eines Ortes, der sich durch den Mut und das Vertrauen seiner Einwohner stetig weiterentwickelt und gedeiht. Muckendorf-Wipfing zeigt auf, dass Herausforderungen in Chancen verwandelt werden können und wie aus zwei Katastralgemeinden eine blühende Gemeinschaft erwächst, die für ihre Bewohner zu einer echten Heimat wird und dies auch für die nächsten Generationen bleiben wird.

www.wahlgemeinschaft-muckendorf-wipfing.at

Wahlgemeinschaft Muckendorf-Wipfing / Liste H. Grüssinger

DAS TEAM DER LISTE H. GRÜSSINGER

(Details über alle Team-Mitglieder ab Seite 133)

Bürgermeister a.D.
Hermann Grüssinger

Ich brauche Eure Unterstützung am 26. Jänner 2025

Mein Motto:
VOLLER EINSATZ – STATT STILLSTAND – Ihr alle entscheidet mit Eurer Stimme bei der Gemeinderatswahl im Jänner!

GR Gerhard Westermayer

Oberfeldgasse 6, Wipfing
Selbständig, verheiratet

Franz Eckhart

Franz-Schubert-Straße 5, Muckendorf
Lebt in einer Partnerschaft, ein Sohn

Ing. Mag Patrick Volkert

Eschengasse, Wipfing
Steuerberater/ Wirtschaftsprüfer
45 Jahre, drei Kinder

Christian Wolf

Johann Strauß Gasse 1, Muckendorf
Bundesheer
49 Jahre, ein Sohn

Ing. Nikodem Trebicki

Rapsgasse 4, Muckendorf
Servicetechniker
45 Jahre, verheiratet, vier Kinder

(Details über alle Team-Mitglieder ab Seite 133)

VOLLER EINSATZ – STATT STILLSTAND – Sie entscheiden!

Christoph ERNST

Muckendorf, Pepi-Langer-Gasse 14
Inspektionist Maschinenbau
verheiratet, ein Sohn

Prof. Mag. Anton Hofbauer

Wipfing, Hauptstraße 17
Professor im Ruhestand
68 Jahre, verheiratet, eine Tochter

Gerald Roitner, akad. BM

Bankangestellter, selbst. Consultant
52 Jahre, verheiratet, zwei Kinder

(Details über alle Team-Mitglieder ab Seite 133)

VOLLER EINSATZ – STATT STILLSTAND – Sie entscheiden!

Mario Kornfeil

Johann-Strauß-Gasse 1, Muckendorf
beschäftigt bei den Wiener Linien im
Ausbildungssektor
41 Jahre

Walter Miedler

Muckendorf-Wipfing, Stromsiedlung 3/3/4
Pensionist
geschieden, ein Sohn

Matthias Grüssinger MSc.

Wipfing, Ahorngasse 4
Berufspilot
32 Jahre, ledig

(Details über alle Team-Mitglieder ab Seite 133)

VOLLER EINSATZ – STATT STILLSTAND – Sie entscheiden!

Die 25 Meilensteine von Muckendorf-Wipfing: Rückblick und Ausblick auf das, was „wir" geschafft haben!

Meilenstein 1: Unsere Gemeinde wächst und gedeiht

– auch in Zukunft?

Wir haben gemeinsam erlebt, wie Muckendorf-Wipfing in den letzten Jahren einen massiven Zuzug von vor allem jungen Familien verzeichnen konnte, im Gegensatz zu anderen Landgemeinden, die unter Wegzug leiden. Die Nähe zur Franz Josefs Bahn spielt dabei eine entscheidende Rolle.

Es ist momentan sicherlich eine Herausforderung, aber es ist wichtig, dass das Wachstum der Gemeinde gesund und nachhaltig ist. Nur so können wir die bestehende Infrastruktur erhalten und die Bevölkerung verjüngen, anstatt zu altern. Viele junge Familien sind nun wertvolle Mitbürgerinnen und Mitbürger geworden und bereichern unsere Gemeinde.

Es war mein erklärtes Ziel, junge Leute in unserer Gemeinde zu halten und anzuziehen. Durch gezielte Maßnahmen im Wohnungsbereich, wie dem Bau von Reihenhäusern und Doppelhäusern, konnten wir hier bereits große Fortschritte erzielen. Aktuell arbeiten wir an der Errichtung einer Krabbelstube, die zwar nur für eine begrenzte Zeit notwendig sein werden, wenn wir keine jungen Familien mehr in den Ort bekommen, aber dennoch essenziell ist, um den Bedürfnissen junger Familien gerecht zu werden.

Es ist wichtig, dass all diese Entwicklungen in harmonischer Einheit geschehen. Nur so können wir sicherstellen, dass es nicht zu Spannungen oder Problemen kommt. Ein gut funktionierendes Zusammenspiel ist entscheidend für den langfristigen Erfolg unserer Gemeinde.

1998 zählten wir laut damaliger Volkszählung noch 860 Einwohner. Mittlerweile hat sich unsere Gemeinde auf knapp achtzehnhundert Einwohner vergrößert. Dieses kontinuierliche Wachstum über die Jahre hinweg ist ein Zeichen für den Erfolg und die Attraktivität unserer Gemeinde.

Bei all dem Wachstum war es uns jedoch immer wichtig, dass der Zuzug nicht auf Kosten der alteingesessenen Bewohner geht. Ein zu schnelles und übermäßiges Wachstum kann schmerzhaft sein und zu Problemen führen, wenn die Infrastruktur nicht mithalten kann. Aber gerade diese Gratwanderung Zuzug und Entwicklung der Infrastruktur ist uns perfekt gelungen. Das sieht man auch insbesondere an der äußerst positiven finanziellen Situation der Gemeinde.

Eine Muckendorferin der ersten Stunde weiß, wie es war: *„Als Mutter zweier wunderbarer – jetzt schon erwachsener – Kinder,* hätte ich mir keinen besseren Ort zum Leben aussuchen können, als Muckendorf-Wipfing. Ich bin eine 'Zuagraste' und war aber schon damals am 1. Jänner 1998 dabei, als wir uns von Zeiselmauer gelöst haben und als eigenständige Gemeinde ins neue Jahrtausend gestartet sind. Das war wirklich toll."

Jedes einzelne Projekt in der Gemeinde verfolgt das Ziel, eine Umgebung zu schaffen, in der man nicht nur lebt, sondern sich auch wirklich zu Hause fühlt. *„Wir haben etwas Besonderes aufgebaut, und ich bin stolz darauf, Teil davon zu sein. Die Herausforderungen der Zukunft mögen groß sein, aber mit dem Mut und dem Zusammenhalt, der uns auszeichnet, können wir den nächsten Jahren gelassen entgegenblicken. MuckendorfWipfing soll auch in Zukunft ein positives Beispiel für eine moderne Gemeinde sein."*

Verhandlungen zum Thema Erhaltung Freibad Königstetten mit dem damaligen Landeshauptmann.

VOLLER EINSATZ – STATT STILLSTAND – Sie entscheiden!

Meilenstein 2: Neue Wohnungen für junge Familien

– auch in Zukunft?

Seit der Jahrtausendwende hat sich Muckendorf-Wipfing zu einer lebendigen modernen Gemeinschaft entwickelt. Mit Weitsicht und Engagement hat die Gemeindeleitung kontinuierlich neue Wohnprojekte ins Leben gerufen oder Privatinitiativen dahingehend gefördert, die speziell darauf ausgerichtet sind, jungen Familien ein Zuhause zu bieten.

Durch diese Initiativen wurde das Bauen nicht nur erschwinglicher, sondern auch attraktiver gestaltet, was zu einer stetigen Zuwanderung und der Bindung der ansässigen Bevölkerung geführt hat.

Daran erinnern sich auch viele Bürgerinnen und Bürger: *„Ja, ich erinnere mich noch gut an das alte Schulgebäude hier in Muckendorf-Wipfing. Damals war es ein wenig in die Jahre gekommen,* *aber dann, als 1993 die erste Kindergartengruppe einzog, kehrte das Leben zurück. Und als das Gebäude dann umgebaut und ausgebaut wurde, entstanden im Erdgeschoss Räume für Veranstaltungen, und im Dachgeschoss Wohnungen. Da sind in den letzten Jahren laufend neue Wohnungen hinzugekommen. In einer wohnt auch mein Sohn mit Frau und Enkerl. Bin froh, dass er nicht wegziehen musste. Darum hoffe ich auch, es kommt zur Umsetzung des neuen Schulcampus. Damit die nächste Generation im Ort eine Schule hat."*

Wohnungen im Gemeindegebiet und dennoch stets in Harmonie mit der Natur und den Bedürfnissen der Bewohner: Das schafft ein Umfeld, in dem sich Familien entfalten und ein hohes Maß an Lebensqualität genießen können. So bleibt Muckendorf-Wipfing ein Ort, an dem Tradition und Fortschritt Hand in Hand gehen und der Gemeinschaftssinn stets im Mittelpunkt steht.

Vorteile von <u>kontrolliertem</u> Zuzug für eine Gemeinde

Der Zuzug neuer Bewohner ist für eine Gemeinde wie Mucken-dorf-Wipfing nicht nur ein passives Ereignis, sondern vielmehr eine bedeutende und wichtige Komponente, die einen dynamischen Wandel und eine positive Entwicklung innerhalb der Gemeinschaft fördert.

Der stetige Zuwachs an neuen Einwohnern sorgt für eine Belebung des gesellschaftlichen Lebens und ermöglicht es der Gemeinde, sich kontinuierlich zu modernisieren und gleichzeitig ihre kulturellen Wurzeln zu bewahren. Besonders für kleine Landgemeinden in Österreich, die oft mit dem Problem des demografischen Wandels und des Abwanderungsdrucks kämpfen, hat die Ansiedlung von Zuzüglern enorme Vorteile. Nicht zuletzt für das Budget der Gemeinde!

Neue Familien sind gerne gesehen – damit die Gemeinde lebt!

Erst durch den Zuzug war die Gemeinde in der Lage, die Mittel für die Schaffung von Wohnraum aufzubringen. Intelligente und nachhaltige Wohnbauprojekte, die in den letzten Jahren in Muckendorf-Wipfing realisiert wurden, haben nicht nur dazu geführt, dass junge Familien ihren Traum vom Eigenheim verwirklichen konnten, sondern auch, dass die Gemeinde attraktiv für Zuzügler geblieben ist.

Ein weiterer wichtiger Punkt ist die Nachwuchsgewinnung in den Bildungseinrichtungen der Gemeinde. Ein funktionierendes Schulsystem und ein unterstützendes Umfeld für Kinder und Jugendliche sind essenziell, um den Fortbestand einer lebendigen Gemeinde zu sichern. Der geplante Schulcampus ist eine große Chance, um den nächsten Generationen eine hochwertige Bildung vor Ort zu bieten und damit ein Zeichen für die Zukunft zu setzen.

Jährlicher Zuzügler-Empfang

Der Empfang von neuen Gemeindemitgliedern ist immer eine ganz besondere Freude für einen Bürgermeister!

Ein jährlicher Zuzügler-Empfang, wie er in Muckendorf-Wipfing bereits Tradition ist, stärkt nicht nur den sozialen Zusammenhalt, sondern bietet auch eine Plattform für neue und alte Bürger, sich kennenzulernen und Teil der Gemeinschaft zu werden. Solche Veranstaltungen fördern das Verständnis füreinander und unterstützen die Integration der Zuzügler.

Die Entwicklung von Muckendorf-Wipfing – eine Erfolgsstory:

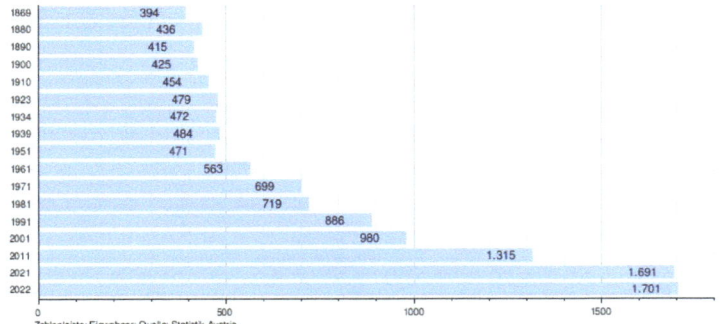

Jahr	Einwohner
1869	394
1880	436
1890	415
1900	425
1910	454
1923	479
1934	472
1939	484
1951	471
1961	563
1971	699
1981	719
1991	886
2001	980
2011	1.315
2021	1.691
2022	1.701

Zahlenleiste: Einwohner; Quelle: Statistik Austria

Insgesamt zeigt sich, dass der Zuzug von neuen Bewohnern für eine Gemeinde zahlreiche Vorteile mit sich bringt. Muckendorf-Wipfing ist ein lebendiges Beispiel dafür, wie eine Gemeinde durch Weitsicht, Engagement und eine offene Haltung gegenüber Zuzüglern prosperieren kann. Dies hilft nicht nur, die Gemeinde jung und dynamisch zu erhalten, sondern trägt auch zur Stabilität und Zukunftsfähigkeit der Gemeinschaft bei.

Junge Familien sind wichtig für eine lebendige Gemeinde!

VOLLER EINSATZ – STATT STILLSTAND – Sie entscheiden!

 Wahlgemeinschaft Muckendorf-Wipfing / Liste H. Grüssinger

Meilenstein 3: Jahrhundertprojekt Schulcampus

– gibt's eine Zukunft?

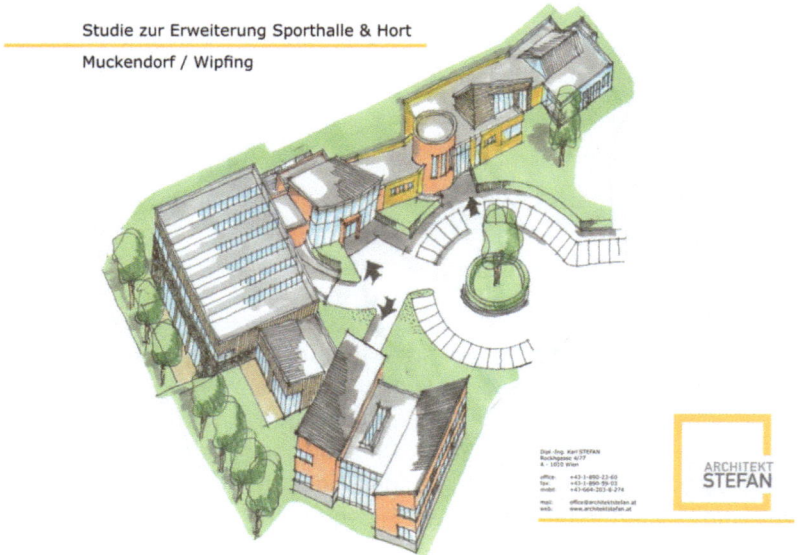

Studie zur Erweiterung Sporthalle & Hort

Muckendorf / Wipfing

Es ist wirklich ein Jahrhundertprojekt, weil es noch in 70, 80 oder eben 100 Jahren positiv nachwirken wird. Darum bin ich auch seit vielen Jahren so intensiv und oftmals auch kompromisslos an der Realisierung dran. Jene, die das Projekt gerade still und heimlich in die Schublade zurückgesteckt haben, wissen gar nicht, was sie damit der Prosperität der Gemeinde antun. Es ist einfach eine Schande, so eine Chance leichtfertig aufs Spiel zu setzen, damit andere Gemeinden zugreifen und unsere bereits eingesetzte Zeit und Mühe einfach für sich selbst nutzen und das Projekt auf eigenem Gemeindegrund mitten im Herzen der Gemeinde realisieren.

WIR müssen aktiv werden beim Schulcampus!
Diese Chance kommt nie wieder!

Die Schließung unserer Schule in den 70er-Jahren war das Ergebnis demografischer Veränderungen und infrastruktureller Herausforderungen in unserer Gemeinde. Wir mussten beobachten, dass die Bevölkerung in Muckendorf-Wipfing zunehmend älter wurde und viele unserer jungen Mitbürgerinnen und Mitbürger in die Stadt oder anderswohin zogen.

Fakt war, dass die Geburtenzahlen rapide gefallen sind, was dazu führte, dass wir nicht genügend Schülerinnen und Schüler hatten, um den Schulbetrieb aufrechtzuerhalten. Zudem entsprach unser Schulgebäude nicht mehr den modernen Anforderungen: Der fehlende Turnsaal oder auch fehlende moderne Ausstattung waren große Nachteile. Somit wurde der Schulsprengel Muckendorf-Wipfing 1976 aufgelöst.

Die Umsetzung und Errichtung des Sportplatzes 2003, des Hauses der Generationen und das Sport- und Freizeitzentrum im Jahr 2005 und letztlich 2006 der Bau der drei Kindergartengruppen waren eigentlich nur Zwischenschritte. Muckendorf-Wipfing benötigt aber heute mehr denn je wieder eine Schule.

Wir stehen sooooo knapp vor dem Ziel!

Daher wurde die Idee des Schulcampus geboren. Nicht nur banal einen Kindergarten errichten, sondern eine zentrale Bildungsstätte mitten im Ort, die allen Anforderungen der Zukunft entspricht. Und es blieb nicht nur bei der Idee, sondern maßgebliche Architekten und Planer machten sich ans Werk. Es bedarf noch langer und intensiver Gespräche mit den öffentlichen Stellen, um weitere Stolpersteine aus dem Weg zu räumen. Aber wir schaffen das – nur mit Ihrer Unterstützung.

Wir standen ganz knapp vor dem Ziel – viele Hürden waren genommen. Doch dann ...

... die Abwahl meiner Person, in einer Nacht- und Nebelaktion, und das absurde Bekenntnis des neuen Bürgermeisters, in den nächsten Jahren NICHTS TUN ZU WOLLEN!

Das kann es doch nicht gewesen sein – um Gottes Willen!

Der geplante Schulcampus in Muckendorf-Wipfing stellt ein Jahrhundertprojekt dar, das die Bildungslandschaft in unserer Gemeinde nachhaltig verändern wird. Alle Experten sind davon überzeugt, dass dieser Campus nicht nur für die nächsten Jahre, sondern für die nächsten 70 bis 100 Jahre von Bedeutung sein wird. Die Bevölkerung in unserer Gemeinde wird auch in Zukunft nicht abnehmen, sondern im Gegenteil wachsen. Unsere Vision ist es daher, eine Bildungseinrichtung zu schaffen, die den Bedürfnissen der kommenden Generationen gerecht wird und unserer Schüler vor Ort in der eigenen Gemeinde zu behalten.

Der Schulcampus soll nicht nur eine Schule beherbergen, sondern auch genügend Raum für die gesamte Bevölkerung bieten. Hier werden wir ein Zentrum schaffen, das den Austausch zwischen den Generationen fördert. Neben dem Ort des Lernens soll er auch ein Ort der Begegnung und der Gemeinschaft werden.

Diese Kinder wollen ihre Schulzeit in Muckendorf-Wipfing verbringen.

Die Idee, die hinter diesem Projekt steht, wurde in den mehr als 20 Jahren kontinuierlich optimiert und an die modernen Gegebenheiten angepasst. Wir haben mit dem Bau des Hauses der Generationen und der Schaffung des Sportplatzes den Grundstein gelegt, um diesen Schulcampus als ein neues vitales Zentrum für unsere Gemeinde zu gestalten.

Auch in der Raumordnung spielt dieses Generationenprojekt eine zentrale Rolle. Unser Entwicklungskonzept von 2011 hat bereits die Grundlage für die Funktionsweise des Hauses der Generationen und des Schulcampus gelegt. Wir haben frühzeitig erkannt, dass die Schaffung verdichteter Räume notwendig ist, um die Infrastruktur optimal zu nutzen und so wenig als möglich sogenannte „graue Energie" zu verbrauchen. Der örtliche Raumordnungsbeauftragte von Niederösterreich hat bestätigt, dass unser Konzept weiterhin gültig und zukunftsweisend ist.

Wir müssen handeln und dieses Projekt realisieren!
Damit uns keine andere Gemeinde zuvorkommt!

Unsere Kinder sollten nicht in der Ecke stehen ...

Auch unter den Gesichtspunkten, dass man ja sparen muss, ist das Projekt zukunftsweisend, weil die Verbauung in höchstem Maße optimiert wurde. Wir können über alles diskutieren, aber wir sollten nur eines nicht machen, wir sollten es nicht stoppen, oder – so wie es gerade getan wird – im Sande verlaufen lassen. Warum? Weil du dich sonst als Gemeinde kaputt machst. Und zwar auf Jahrzehnte.

Das ist so im Leben, Stillstand ist ein Rückschritt und wenn ich notwendige Dinge stoppe, dann sind wir an dem Punkt, an dem wir schon einmal in den 70er Jahren waren. Auf einmal haben wir keine Kinder mehr in der Krabbelschule, keine Kinder mehr in der Schule, dann haben wir nur noch Alte, erst in einem Seniorenwohnhaus und dann nur noch auf dem Friedhof. Eine gesunde Gemeinde muss jung erhalten werden.

Für uns bedeutet es also, dass wir mit dem Campus-Projekt nicht nur die schulische Bildung, sondern auch die sozialen Strukturen über die nächsten Generationen in Muckendorf-Wipfing stärken. Der Schulcampus hält unsere Kinder im Ort, vom Kindergarten über die Volksschule bis zum Abschluss der Volksschule. Gleichzeitig bietet er Raum für Freizeitaktivitäten, Bildungseinheiten und gemeinsame Veranstaltungen für ALLE Einwohner.

Der Schulcampus ist mehr als nur ein Gebäude – er ist ein Symbol für unsere Zukunft. Wenn wir diesen Weg nicht gehen, riskieren wir, als Gemeinde zurückzufallen und letztlich, wie schon in den 70er Jahren, jungen Menschen keine Pflichtschulausbildung mehr im Ort bieten zu können.

Wir möchten nicht, dass unsere Gemeinschaft stagniert. Stillstand bedeutet Rückschritt, und wir sind entschlossen, weiterhin in unsere Zukunft und in die Zukunft unserer Kinder und Kindeskinder zu investieren.

Indem wir den Schulcampus realisieren, schaffen wir die Grundlage für eine lebendige, dynamische Gemeinschaft, die auch in den kommenden Jahrzehnten ein attraktives Zuhause für Familien und alle Generationen sein wird.

Unterstützt uns von der WMW – LHG dabei, das Projekt endlich zu realisieren, bevor es für immer in den Schubladen der Behörden verschwindet und andere Gemeinde den Zuschlag dafür bekommen!

WIR MÜSSEN AKTIV WERDEN – FÜR UNSERE KINDER!

Sorry, aber unser „aktueller" und „nicht gewählter" Bürgermeister und sein Vizebürgermeister sind „Bremsmeister" und „Verhinderer".

VOLLER EINSATZ – STATT STILLSTAND – Sie entscheiden bei der Bürgermeister-Wahl im Jänner 2025!

Meilenstein 4: Bessere Straßen

– auch in Zukunft?

Die Bauarbeiten werden kontrolliert

Wir haben begonnen, die technische Infrastruktur zu erneuern. Der erste Schritt war der Bau eines Wirtschaftshofes, um die notwendigen Maschinen und Geräte direkt in unserer Gemeinde zur Verfügung zu haben. Mit der finanziellen Unterstützung des Landes, das uns nun als eigenständige Gemeinde behandelte und daher alle Gelder direkt uns zugutekamen, konnten wir dieses Projekt realisieren.

Nun stand als nächster Schritt die Modernisierung der Straßeninfrastruktur an. Durch die verbesserte finanzielle Situation konnten wir endlich die maroden Straßen reparieren lassen, die damals seit Jahren vernachlässigt wurden. Einer der Gründe damals war einer, der uns erst nachher klar wurde: Vor der

Gemeindetrennung floss jährlich sehr viel Geld aus unserer vergleichsweise reichen Gemeinde direkt an Zeiselmauer.

Sichere Verkehrswege für die Gemeinde!

Die Bewohnerinnen und Bewohner der Gemeinde freuten sich, endlich auf gut ausgebauten Straßen fahren zu können und unsere Bauern konnten ihre Produkte schneller und einfacher transportieren. Es war ein großer Schritt für unsere Gemeinde.

Wir haben viele Pendler – die brauchen
Nahverkehrsmöglichkeiten

Als damaliger Bürgermeister war mir die Unterstützung des umweltfreundlichen Nahverkehrs wichtig. Kein Wunder, wo wir doch unglaublich viele Pendler ins nahe Wien haben und auch in die Bezirksstadt Tulln. Dank der nun nur für unsere Gemeinde vorhandenen finanziellen Mittel konnten wir die Park & Ride Anlage erweitern, um die Pendler zu unterstützen. Die Lebensqualität in unserer Gemeinde stieg dadurch deutlich an und war ein weiterer Meilenstein auf unserem Weg zu einer modernen und lebenswerten Gemeinde.

Finanziell sparsam – aber immer zum Wohle der Bevölkerung

Das war immer meine Devise als Bürgermeister. Wir haben uns bemüht, wichtige und von der Bevölkerung gewünschte Projekte umzusetzen, die wir als Teil der Großgemeinde Zeiselmauer nie hätten verwirklichen können.

Diese Projekte erforderten jährlich rund 1.000.000 € an Investitionen. Dadurch konnten wir die Infrastruktur der Gemeinde erheblich verbessern. Das hat auch die Attraktivität der Gemeinde gesteigert. Dabei haben wir stets darauf geachtet, dass das Wachstum nachhaltig und im Einklang mit den Bedürfnissen der Bürgerinnen und Bürger erfolgte.

VOLLER EINSATZ – STATT STILLSTAND – Sie entscheiden!

Meilenstein 5: Bessere Beleuchtung

– auch in Zukunft?

Bereits im Jahr 2015 haben wir in unserer Gemeinde einen bedeutenden Schritt in Richtung Nachhaltigkeit unternommen und auch dabei nicht die Kosten aus den Augen verloren: die Umstellung auf LED-Beleuchtung. Diese innovative Maßnahme trägt nicht nur zur erheblichen Senkung unserer Energiekosten bei, sondern hat auch positive Auswirkungen auf das Klima.

Es werde Licht und es wurde Licht!

Durch den Einsatz von LED-Technologie reduzieren wir den Stromverbrauch der Gemeinde deutlich, was nicht nur unsere Haushaltskasse entlastet, sondern auch den CO_2-Ausstoß verringert. Darüber hinaus bieten die neuen LED-Leuchten eine längere Lebensdauer und erfordern weniger Wartung, was zusätzlichen Ressourcenverbrauch einspart.

Wir sind stolz darauf, einen Beitrag zum Klimaschutz zu leisten und gleichzeitig die Sparbüchse der Gemeinde zu füllen. Ein Beweis dafür, dass wir auch in finanziellen Angelegenheiten stets mit Bedacht gehandelt und die Mittel der Gemeinde sorgfältig verwendet haben. Durch eine effiziente Haushaltsführung und das Einwerben von Fördermitteln konnten wir eine solide Basis schaffen. Wir haben stets darauf geachtet, dass die Gemeinde wirtschaftlich gesund bleibt und für zukünftige Herausforderungen gewappnet ist.

**Muckendorf-Wipfing braucht einen Kapitän,
der nicht die Hände in den Schoß legt!**

Trotz der „aktuellen finanziellen angespannten Situation" bin ich überzeugt, das Schiff durch einen neuerlichen Wechsel im Gemeindeamt (diesmal aber durch eine reguläre demokratische

Wahlabstimmung) sehr schnell wieder in ruhige Gewässer führen zu können. Damit wir stolz auf das sein können, was wir gemeinsam in 25 Jahren und mit mir als „Kapitän" in dieser langen Zeit aufgebaut haben. Ich bin überzeugt, dass die Gemeinde wieder erfolgreich sein wird und als leuchtendes Beispiel für Nachhaltigkeit und Innovation im Bezirk und darüber hinaus gesehen wird!

Liste H. Grüssinger – ich zähle auf Euch!

VOLLER EINSATZ – STATT STILLSTAND – Ihr entscheidet!

Meilenstein 6: Besserer Lärmschutz und gleichzeitig Energie aus der Sonne

– kommt das in Zukunft?

Wir haben in den letzten Jahren schon viele Verbesserungen beim Lärmschutz bei der ÖBB durchgesetzt. Und wir waren immer auch Vorreiter mit neuen und innovativen Ideen, wie man diesen langen Lärmschutzwall zusätzlich nutzvoll verwenden werden könnten. In Muckendorf-Wipfing setzen wir uns seit Jahren aktiv für eine nachhaltige und vor allem möglichst umweltschonende Gemeinde ein.

Ein zentrales Anliegen ist es, den Lärmschutzwall an der ÖBB Bestandsstrecke mit der Nutzung alternativer Energiequellen zu verbinden. Wir sind fest entschlossen, innovative Maßnahmen zu ergreifen, um unsere Gemeinde nicht nur lebenswert, sondern auch umweltschonend zu gestalten. Dabei betrachten wir insbesondere die Installation von Photovoltaikanlagen als ein wichtiges Ziel auf unserem Weg zur Energieautarkie. Schon seit 2022 in Planung, ist bis heute nicht sehr viel weitergegangen.

Ein Schlüsselprojekt in diesem Zusammenhang ist der Lärmschutzwall an der ÖBB-Bahnstrecke. Diese etwa 300 Meter lange Wall ist ideal in Richtung Süden ausgerichtet und bietet somit hervorragende Bedingungen für die Installation von Solarpanelen. Die Idee, diese große Fläche zur Gewinnung von erneuerbarer Energie zu nutzen, zeigt, wie wir Umweltschutz mit praktischer Energieversorgung kombinieren können.

Und wieder steht ein wichtiges Projekt, weil Bürgermeister Germann „bremst"!

Obwohl das Projekt bereits hätte beschlossen und umgesetzt werden können, steht es derzeit still, da verschiedene Entscheidungsträger blockieren. So entsteht der frustrierende Eindruck, dass es an Engagement und Zeit fehlt, um dieses 100% nachhaltige Vorhaben voranzutreiben.

Dabei ist es doch so, dass insbesondere junge Wähler in unserer Gemeinde Wert auf diese Themen legen. Daher ist es von großer Bedeutung, solche Projekte offen zu kommunizieren und deren Dringlichkeit zu betonen.

Wenn wir die Möglichkeiten der Lärmschutzwand und ähnlicher Flächen, wie etwa die Dächer von Sporthallen und Gemeindegebäuden, nutzen, können wir zusätzlich weit mehr als 980 Megawatt erneuerbare Energie gewinnen. Diese Energie könnte nicht nur zur Senkung unserer CO_2-Emissionen beitragen, sondern auch Einnahmen für die Gemeinde generieren (oder zumindest Energiekosten senken).

Wir haben aber schon weitergedacht. Denn zusätzlich planten wir, weitere Flächen für Photovoltaik zu erschließen, um den Übergang zur nachhaltigen Energieversorgung weiter zu beschleunigen. Das Potenzial ist in der Gemeinde groß, und es liegt an uns, diese Chancen aktiv zu ergreifen. Es darf nicht in der Schublade verstauben. ABER, das Projekt steht derzeit – STILL!

Mit öffentlichem Engagement, Kreativität und Weitblick möchten wir Muckendorf-Wipfing zu einem Vorreiter in der Energiegewinnung und dem Lärmschutz in Niederösterreich machen, und dabei die Lebensqualität für alle Bürgerinnen und Bürger steigern.

VOLLER EINSATZ – STATT STILLSTAND – Sie entscheiden!

Meilenstein 7: Sport-, Spiel- und Freizeitanlagen

– auch in Zukunft?

Besonders stolz bin ich auf die Entwicklung unseres Sportvereins. Ich habe zwar schon ein fortgeschritteneres Alter, aber ich bin wie immer am liebsten unter jungen Leuten.

Ich bin engagiert im Sportverein und habe den Sportverein in Muckendorf gegründet. Wir haben jetzt rund 110 Kinder und rund 40 Erwachsene, die Sport betreiben. Das ist schon eine schöne Anzahl.

Vor kurzem sind wir beim Fußball auch aufgestiegen und spielen nicht mehr in der letzten Klasse, sondern der Verein ist kontinuierlich mit der Gemeinde gewachsen und auch besser geworden.

Im niederösterreichischen Fußballverband beginnt man in der zweiten Klasse. Dann geht es über die erste Klasse in die Gebietsliga, in der wir jetzt spielen. In der Gebietsliga

wird schon richtig Fußball gespielt und nicht mehr einfach bloßer Hobbyfußball. Da ist dann auch für den motivierten Nachwuchs wichtig, dass dort richtig gespielt wird. Vor allem um sich im Spiel praktisch zu beweisen und am Gegner zu lernen. Aktuell haben wir rund 12 NW Trainer, denen ich nicht genug danken kann, weil es nämlich ziemlich schwierig ist, hier jemanden zu finden.

Ich kann es nicht oft genug sagen, wir brauchen motivierte Trainer, denn die kriegen ja nichts außer eine sehr kleine Aufwands-entschädigung. Jemanden, der sich drei- oder viermal die Woche mit Kindern und Jugendlichen hinstellt und an Wochenenden auch noch zum Match oder Turnier fährt, ist selten. Das muss jemand sein, der sich auch mal mit den Eltern streiten muss, weil die meisten ja glauben, dass der eigene Sohn der beste Kicker der Welt ist, auch wenn es noch an grundlegenden Fertigkeiten fehlt. In solchen Situationen bedarf es viel Geduld und Diplomatie.

Als Bürgermeister war es mir bei allem Sportenthusiasmus aber immer wichtig, genauso wie beim Zusammenhalt der Feuerwehr in einer Gemeinde, dass ein inneres harmonisches Gefüge da ist. Sportlicher Kampfgeist ist wichtig, aber auch Fairness sowie in und mit der Gemeinschaft zu interagieren. In jedem Fall zeigen die Zahlen, dass wir auf dem richtigen Weg sind und unser Engage-ment Früchte trägt.

Die Sportanlagen und die Sportvereine waren mir immer ein Anliegen.

Im Jahr 2005 wurde in unserer Gemeinde das Sport- und Freizeitzentrum eröffnet.

Ziel ist die Förderung von Sport, Bewegung für alle Generationen und durch die angeschlossene temporäre Gastronomie ist es auch ein Ort der Geselligkeit. Dieses moderne Zentrum bietet nicht nur vielfältige Sportmöglichkeiten, sondern auch einen zentralen Treffpunkt für unsere Bürgerinnen und Bürger.

Unsere Vision für die Zukunft des Jugendsports in Muckendorf-Wipfing ist klar: Wir möchten den Kindern nicht nur technische Fähigkeiten im Fußball vermitteln, sondern auch Werte wie Respekt, Verantwortung und Teamarbeit. Dabei wollen wir den Sportverein als Mittelpunkt des gesellschaftlichen Lebens in unserer Gemeinde weiterentwickeln. Durch die Förderung der sportlichen Betätigung tragen wir dazu bei, dass die Jugend nicht nur gesünder, sondern auch sozial kompetenter aufwachsen. Unsere Jugend sollte mit viel Bewegung in der Natur aufwachsen! Gesund und aktiv! Denn Sport ist gesund!

Daher müssen wir gemeinsam anpacken, um den Jugendsport in Muckendorf-Wipfing weiter zu stärken und zu fördern. Gemeinsam können wir eine lebendige Sportkultur schaffen, die den Zusammenhalt in unserer Gemeinde festigt und unseren Jugendlichen die Möglichkeit gibt, ihre Talente zu entfalten und Freundschaften fürs Leben zu schließen. Sport ist mehr als nur ein Wettkampf – er ist eine Lebensschule, die uns alle verbindet!

Aktuelles Problem:

Aktuell stockt es seit meiner Abwahl, da die selbsternannte „neue" Gemeindeführung kein Konzept und keine Zukunftsvisionen hat, um den neuen Schulcampus, der auch neue Sportmöglichkeiten bieten soll, umzusetzen.

Dieses grandiose Generationen-Projekt ruht seit geraumer Zeit. Eine vertane Chance!

Viele haben gefragt: Was hat eine Schule mit Sport, Spiel und Freizeit zu tun? Ganz einfach, der Schulcampus ist selbstverständlich als multinutzbares Objekt geplant und hätte daher neben den Schulräumlichkeiten auch die entsprechenden Sport- und Freizeiteinrichtungen, die nach dem Schulalltag von der ganzen Gemeinde Verwendung finden könnten.

Gut Ding braucht Weile – und Durchhaltevermögen!

Natürlich ist so ein Projekt eine langwierige Geschichte. Es dauert, bis man auf politischem Weg Lösungen findet und auch Förderungen und Genehmigungen erhält.

Wir hatten es so gut wie geschafft. Aber dann ...

Offen gesagt, ich muss zugeben, dass es eine große Dummheit war, dieses wichtige Vorhaben so abrupt stillzulegen, wie es der neue Bürgermeister gemacht hat. Da kann man doch bitte nicht einfach die Entscheidung treffen, „keine" Entscheidung mehr treffen zu wollen. Damit sind jahrelange Bemühungen um die Schaffung einer eigenen Schule und zusätzlich weiterer dringend nötiger Veranstaltungsräume (und zwar für alle Generationen) für die Gemeinde mit einem Schlag zunichte gemacht oder zumindest enorm verzögert worden.

Daher muss in der neuen Legislaturperiode SOFORT und UNMITTELBAR gehandelt werden. Denn seit zwei Jahrzehnten wurde doch immer wieder gefordert:

Wir brauchen eine moderne Schule – nein, wir brauchen einen multifunktionalen Schulcampus!

Die Entwicklung unserer Gemeinde zeigt ganz klar, dass der Punkt erreicht ist, an dem wir nicht länger warten können. Muckendorf-Wipfing hat sich in den letzten Jahren stark vergrößert, und mit allen Projekten, die noch anstehen, werden (und sollen) weiterhin junge Familien hierherziehen.

Wenn wir einen Blick in die Zukunft wagen, erkennen wir sehr klar, dass es notwendig ist, vorauszuplanen, um den Bedarf an Bildungs- und Freizeiteinrichtungen genau abzuschätzen.

Der Plan, uns vom Volksschulverband zu trennen und einen eigenen Schulsprengel zu bilden und damit eine moderne Bildungseinrichtung zu errichten, ist daher nicht nur ein sinnvoller Schritt, sondern ein gebotener und auch für unsere Gemeinde ein durch und durch wirtschaftlich sinnvoller Schritt.

Warum?

Weil ich, so wie viele in Muckendorf-Wipfing, keine Lust habe, wieder Jahrzehnte für eine Veranstaltungshalle in Zeiselmauer mitzuzahlen, ohne diese auch voll nützen zu können.

Denn:

Es mag oft so vermittelt werden, als wäre die Nutzung von solchen Bildungseinrichtungen in anderen Gemeinden für unsere Gemeinde „kostenlos", doch die Realität sieht anders aus.

Jede Gemeinde muss Zahlungen für Infrastruktur an jene Gemeinde zahlen, von wo Leistungen bezogen werden. Das kostet uns nicht nur Geld, sondern auch die Möglichkeit, als Gemeinde eigenständig zu handeln und über das verwendete Budget zu verfügen.

Wenn wir die notwendigen Gebäude in Muckendorf-Wipfing haben, sind wir nicht mehr auf die Infrastruktur eines anderen Ortes angewiesen.

Hierbei geht es nicht nur um die eigentlichen Kosten, die wir als Gemeinde für einen Schulcampus mit erweiterter Infrastruktur oder Veranstaltungshalle in Zeiselmauer aufbringen müssten, sondern auch um die Möglichkeiten und die Kosten für Transport und Beförderung. Die Schaffung eines eigenen multifunktionalen Schulcampus wäre ein weiterer positiver Schritt in Richtung Selbstständigkeit und Unabhängigkeit.

Zudem sparen wir uns durch den Wegfall von Transportkosten für Schulkinder, die ansonsten täglich zur Zeiselmauer-Schule gebracht werden müssten, nicht nur Geld, sondern wir leisten auch einen wertvollen Beitrag zum Umweltschutz. Der Zeitaufwand für den Transport entfällt, was den Familien in unserer Gemeinde zugutekommt. Es ist nicht nur ein praktischer Aspekt, sondern auch ein Schritt zu mehr Lebensqualität.

Jede zukunftsgerichtete Gemeinde braucht eine Schule. Eine clevere Gemeinde baut einen multifunktionalen Schulcampus für alle Generationen!

Der geplante Schulcampus ist nicht nur ein Ort des Lernens, sondern auch ein Rückgrat einer lebendigen und in die Zukunft gerichteten Gemeinde. Denn, er beinhaltet auch weitere Räumlichkeiten, die für die Nutzung durch die Gemeinde und ihre Bewohner zur Verfügung stehen.

Der Verlust der „alten" Schule in Muckendorf vor vielen Jahren hat damals tiefgreifende Auswirkungen hinterlassen. Die alte Schule, die über 80 Jahre alt war, wurde 1976 aufgelöst – und mit ihr unser Status als Schulsprengel. Dieser Verlust führte zu dieser Zeit unmittelbar zu einer Abwanderung von Familien.

Das Schulgebäude wurde später durch den neu erbauten Kindergarten ersetzt, doch das rettet uns nicht vor der Herausforderung, die nächsten Generationen ans Schulkindern nach dem Kindergarten bei uns in der Gemeinde zu halten.

Jetzt, da wir wieder die Möglichkeit haben, die Initiative zu ergreifen und einen neuen Schulsprengel zu errichten, dürfen wir nicht zögern. Die Planung ist schon zu einem guten Teil fertig. Jetzt den Stecker zu ziehen, wäre eine Katastrophe.

Eine solche Einrichtung zu planen und zu realisieren, ist nicht nur eine Frage von Raum und Bau, sondern auch eine Frage der Identität und Zukunft unserer Gemeinde. Lassen Sie uns gemeinsam dafür einstehen, dass Muckendorf-Wipfing die Schule erhält, die es braucht, um unser gemeinsames Ziel einer lebenswerten, zukunftsfähigen Gemeinde zu erreichen!

VOLLER EINSATZ – STATT STILLSTAND – Sie entscheiden!

Meilenstein 8: Alt und Jung gemeinsam

– auch in Zukunft?

Im Jahr 2005 wurde das Haus der Generationen in unserer Gemeinde eröffnet – eines der ersten dieser Art in ganz Niederösterreich. Ein Projekt, das den Austausch und das Zusammensein von Jung und Alt fördert. Dieses generationsübergreifende Begegnungszentrum bietet Raum für gemeinsame Aktivitäten, Veranstaltungen und Kurse, die das Miteinander stärken.

Haus der Generationen (HDG) und Sportplatz

Das Haus der Generationen dient nicht nur als Treffpunkt, sondern auch als Plattform, um vorurteilfreie Begegnungen zu ermöglichen. Hier können die älteren Bürgerinnen und Bürger ihre Erfahrungen und ihr Wissen weitergeben, während die Jüngeren frische Perspektiven und Ideen einbringen.

Durch verschiedene Programme, Workshops und natürlich auch Freizeitangebote schaffen wir einen lebendigen Raum der Inspiration, in dem der Zusammenhalt der Gemeinschaft gefördert wird. Durch die vielfältigen Angebote des Hauses der Generationen konnten bereits zahlreiche neue Freundschaften zwischen den unterschiedlichen Altersgruppen entstehen.

Regelmäßig finden hier intergenerationale Projekte statt, bei denen gemeinsam gewerkelt, gesungen oder auch einfach nur gemütlich beisammengesessen wird. Diese Momente des gemeinsamen Erlebens schaffen eine besondere Verbundenheit und tragen dazu bei, dass sich alle Generationen in unserer Gemeinde verstanden und wertgeschätzt fühlen.

Wir müssen aber bestrebt sein, diesen Ort auch mit Aktionen und damit mit „Leben" zu füllen. Daher ist auch die aktive persönliche Unterstützung eines lebendigen Vereinslebens ein wichtiger Punkt, der von unserer Gemeinde nicht vernachlässigt werden darf.

EIN WORT IM ÄRGER:

Ja, ich bin verärgert! Denn bereits im Wahlprogramm 2015 wurde nicht nur von mir, sondern auch seitens der kleineren SPÖ Gemeinderats-Fraktion, unter anderem auch die Errichtung eines Objekts zum „Betreuten Wohnen" gewünscht und angestrebt. So weit, so gut – ich wurde also aktiv, wie ich es immer tue, wenn ein neues Projekt in der Gemeinde ansteht.

Durch meine Initiative wurde das Grundstück in der Johann Pfaffl-Gasse von dem Besitzer Herrn Dr. Ernst Ploil zu einem sehr günstigen Preis seitens der Gemeinde erworben. Dies unter der Auflage, dass dieses für den sozialen Zweck „Betreutes Wohnen" verwendet wird. Da gilt unser Dank besonders Herrn Dr. Ernst Ploil, den ich als Jugendfreund bezeichnen darf und der hier seiner sozialen Ader freien Lauf ließ. Ideal gelegen, mitten im Ort, Bahnhofsnähe, Gemeindeamt und Nahversorger in der Nähe.

Nachdem nun mit der WET ein gemeinnütziger Bauträger gefunden war, ging es los, und schlussendlich konnte dieses Projekt, das eine breite Zustimmung fand, umgesetzt werden. Die Vergabe wurde gestartet, und niemanden hat es gewundert, mittlerweile sind alle 20 Einheiten vergeben. **Wunderbar!**

Und als Draufgabe wurden alle Anliegen der kleinen Oppositions-partei SPÖ, wie Betreutes Wohnen, Zebrastreifen an B14, sowie ein Hort für Schülerinnen und Schüler, gemeinsam und mit mir als Bürgermeister tadellos umgesetzt.

ABER DANN...

Vor wenigen Wochen hat nun die Gemeinde, bzw. der Verein MuWi Sozial (eigentlich gleichbedeutend mit dem politischen Team MuWi) insgeheim ein „Willkommensfest" veranstaltet.

EIN SKANDAL –
dass sich jetzt das Team MuWi diese „unsere" Leistungen auf seine Fahnen heftet, ist nicht recht, <u>aber billig.</u>

Die eigentlich zuständige GfGRin Brigitte Adler wurde, wie alle anderen Vertreter der Opposition, nicht über dieses „Will-kommensfest" informiert. Und damit schlicht und einfach hinter-gangen!

Fakt ist: Seit meinem vorübergehenden Rückzug hat die selbst-ernannte Gemeindeführung keine nennenswerten Errungen-schaften für unsere Bevölkerung vorzuweisen. Sich deshalb mit fremden Federn zu schmücken, wird bei der nächsten Wahl nicht mit großer Zustimmung zu bewerten sein.

Trotzdem wurde nun bei einer Begehung des neuen Hauses seitens der tatsächlichen Initiatoren die volle Funktionalität fest-gestellt und die allgemeine Freude über dieses Projekt wurde von jedem Einzelnen zum Ausdruck gebracht.

WMW und SPÖ bei einem Besuch im Seniorenwohnhaus

Friedhof neu

Wenn wir schon von Jung und Alt sprechen, dann muss eine vorsorgliche Gemeinde natürlich den Gedanken auch zu bis zum Ende denken. Daher haben wir im Jahr 2012 die Neugestaltung und den Ausbau unseres Gemeindeeigenen Friedhofes in Angriff genommen und durchgeführt. Das ist vor allem für unsere älteren Gemeindemitglieder wichtig, die ihre Lieben jetzt nicht mehr in weiter entfernten Nachbarorten besuchen müssen, sondern direkt in unserem Gemeindegebiet einen Ort des Gedenkens haben.

Ein Friedhof ist weit mehr als nur ein Ort der Bestattung; er ist ein bedeutendes sozialethisches Projekt, das zahlreiche wichtige Funktionen für eine Gemeinde erfüllt und daher auch eine angemessene Projektierung verdient.

Eröffnung der Gedenkhalle am Friedhof

Ort der Erinnerung und Trauerbewältigung

Friedhöfe bieten den Angehörigen einen Ort, an dem sie ihrer Verstorbenen gedenken und ihre Trauer verarbeiten können. Diese Orte der Ruhe und Besinnung sind essenziell für die emotionale Gesundheit der Gemeinschaft und der Gemeinde.

Soziale Begegnungsstätte

Friedhöfe sind auch Orte der Begegnung. Menschen treffen sich hier, um gemeinsam zu trauern, Erinnerungen auszutauschen und sich gegenseitig zu unterstützen. Diese sozialen Interaktionen stärken das Gemeinschaftsgefühl und fördern den Zusammenhalt.

Kulturelles Erbe und Geschichte

Ein Friedhof bewahrt nicht zuletzt das kulturelle Erbe und die Geschichte einer Gemeinde. Grabsteine und Denkmäler erzählen Geschichten vergangener Generationen und tragen zur Identität der Gemeinde bei.

VOLLER EINSATZ – STATT STILLSTAND – Sie entscheiden!

Meilenstein 9: Ein Ort für unsere kleinsten Kinder

– auch in Zukunft?

Eine wichtige Maßnahme in meinen ersten Jahren als Bürgermeister war die Sanierung des örtlichen Kindergartens 1. Dieser war in die Jahre gekommen und entsprach nicht mehr den modernen Standards. Mit Hilfe von Landes-Förderungen konnten wir das Projekt realisieren. Der renovierte und erweiterte Kindergarten 1 bietet nun zusammen mit dem Kindergarten 2 genügend Platz für alle Kinder aus der Gemeinde und sorgt für eine schöne und sehr angenehme Lernumgebung.

Diese Maßnahme war ein weiterer Schritt, um die Lebensqualität in unserer Gemeinde kontinuierlich zu verbessern und gleichzeitig die besten Ausbildungschancen für unsere Kinder zu sichern.

Die Neugestaltung der Kindergärten war nur ein Teil des umfassenden Konzepts, das darauf abzielte, den Bildungsstandort Muckendorf-Wipfing zu stärken. Durch die Sanierung und Modernisierung der Bildungseinrichtungen konnten wir sicherstellen, dass unsere Kinder die bestmöglichen Voraussetzungen für ihre schulische Laufbahn erhalten. Dies wurde auch durch die Einführung neuer pädagogischer Konzepte und die Weiterbildung der Erzieherinnen und Erzieher unterstützt.

Darüber hinaus wurden weitere Maßnahmen ergriffen, um die Bedingungen für unsere Kinder zu verbessern. Dazu zählten beispielsweise die Optimierung des Schulwegs oder die Förderung von Natur- und Umweltprojekten. Diese Maßnahmen trugen dazu bei, dass unsere Kinder nicht nur in schulischer Hinsicht gefördert werden, sondern auch vielfältige Möglichkeiten zur persönlichen Entwicklung erhalten.

Die Sicherung der besten Ausbildungschancen für unsere Kinder war eine zentrale Säule in der Entwicklung unserer Gemeinde. Durch gezielte Maßnahmen und eine enge Zusammenarbeit mit Schulen, Eltern und Bildungseinrichtungen konnten wir sicherstellen, dass unsere Kinder eine qualitativ hochwertige und zukunftsorientierte Bildung erhalten, die sie auf ein erfolgreiches und erfülltes Leben vorbereitet. Die Investition in die Bildung unserer Kinder ist eine Investition in die Zukunft unserer Gemeinde.

Leider stocken derzeit diese Investitionen in unsere Zukunft. Denn die aktuelle selbsternannte Gemeindeführung blockiert und verhindert, wo sie kann. Oder besser gesagt, sie tut nichts! Sie lässt die lange Aufbauarbeit der letzten Jahre gelinde gesagt – verpuffen.

Nichts geht weiter, beim Schulcampus ...
Nichts geht weiter, beim Ausbau der Kindergartenplätze ...
Nichts geht weiter, bei vielen Dingen, die angepackt gehören!

WIR MÜSSEN AKTIV WERDEN – FÜR UNSERE KINDER!

Sorry, aber unser „aktueller" und „nicht gewählter" Bürgermeister Harald Germann und sein Vizebürgermeister Alexander Homola – SIND VIEL ZU PASSIV.

VOLLER EINSATZ – STATT STILLSTAND – Sie entscheiden!

Meilenstein 10: Reines Wasser und Ökologie

– auch in Zukunft?

Als eine der wichtigsten Aufgaben in den letzten Jahren hat sich die nachhaltige Entwicklung unserer Gemeinde Muckendorf-Wipfing in Punkto Ökologie gezeigt. Egal ob Abfall, Wasser oder alternative Energiekonzepte. Vieles wurde bereits erfolgreich abgeschlossen und einiges ist projektiert, oder steht in den Start-löchern.

**Leider steht vieles seit fast 2 Jahren –
und kommt nicht vom Fleck.**

Denn, auch hier hat sich im letzten Jahr ein Stillstand breit-gemacht, der uns alle nachdenklich stimmt. In der Vorschau auf die politische und gesellschaftliche Entwicklung unter Bürger-meister Germann wird klar, dass viele Chancen in nicht einmal zwei Jahren vertan wurden und dringende Aufgaben unbearbeitet bleiben. Warum?

**Die Grüne Zukunft der Gemeinde Muckendorf-Wipfing:
mein Aufruf zur Handlungsfähigkeit**

Ein zentraler Bereich, den wir als besonders frustrierend empfinden, ist die Implementierung von erneuerbaren Energien – vor allem im Hinblick auf Solaranlagen. Während wir in der Vergangenheit vielversprechende Projekte ins Leben gerufen haben, ist der Fortschritt seitdem bedauerlicherweise ins Stocken geraten. Wir hatten uns darauf geeinigt, Statiken für geeignete Dächer zu prüfen, um die Installation von Solaranlagen voranzubringen. Die Frage drängt sich auf: **Warum werden solche entscheidenden Schritte nicht in der Gemeinde entschlossen und zügig angegangen? Warum werden diese seit Jahren blockierten Projekte aus wahltaktischen Überlegungen zurückgehalten, um sie dann als eigene großartige Leistungen zu präsentieren?**

Die Integration der Bevölkerung in Entscheidungsprozesse ist seit jeher der Schlüssel zu einer lebendigen und zukunftsfähigen Gemeinde. Ohne sie verlieren wir nicht nur kostbare Inspiration, sondern auch die Möglichkeit, die Bedürfnisse und Wünsche unserer Mitbürgerinnen und Mitbürger im Vorfeld zu berücksichtigen.

Wasser ist Leben!

Gleiches gilt auch für den Ausbau der Wasserversorgung. Im Zuge unseres Engagements wurden seit der Trennung von Zeiselmauer für eine nachhaltige und lebendige Gemeinde Muckendorf-Wipfing zahlreiche Projekte initiiert, die das Fundament für unser aller grüne Zukunft bilden. Diese Vorhaben zeigen nicht nur, wie wir Klimaschutz und Gemeinschaftsleben vereinen, sondern auch, wie wir das Thema ernst genommen haben, um vorausschauend und nachhaltig zu planen.

Wasser ist wichtig für eine Gemeinde – wir haben dafür gesorgt! Durch Ausbau der Wasserversorgung und Abwasserentsorgung!

Brunnen II

Tiefbehälter

Schon 1998 war ich daran beteiligt, durch den Kanalbau der Bauabschnitte 4, 5 und 6 den Grundstein für eine verlässliche Abwasserentsorgung zu legen. Diese Rahmenbedingungen sind entscheidend für die Sauberkeit und Gesundheit unseres Trink- wassers. Der Kanalbau stellte sicher, dass unsere Abwässer effizient und umweltgerecht entsorgt werden konnten. Daher wurde auch im Jahr 2006 ein neuer Brunnenbau für die Sicherung einer <u>unabhängigen Wasserversorgung</u> für unsere Gemeinde beschlossen. Diese Maßnahme stellte sicher, dass wir auch in Zukunft und auch bei stätigem Zuzug neuer Bürger über ausreichendes und vor allem sauberes Wasser verfügen.

Brunnen I

Die folgenden Jahre waren geprägt von weiteren entscheidenden Schritten zur Verbesserung unserer Infrastruktur. Schon 2008 wurde die Wasserversorgung in Muckendorf weiter ausgebaut und damit unser Engagement für eine gesunde und gut versorgte Gemeinde weiter gefestigt. Nicht zuletzt war dieses deutliche JA zur Natur und Ökologie auch Grund für den Beitritt zum Klimabündnis im Jahr 2010. Bereits 2012 wurde uns schließlich das Grundzertifikat „Gesunde Gemeinde" verliehen, ein weiterer Beweis für unsere zahlreichen Initiativen zur Förderung des Wohlbefindens und der Lebensqualität der Bürgerinnen und Bürger.

Diese Errungenschaften bilden das Fundament für die grüne Zukunft von Muckendorf-Wipfing. Sie zeigen, dass wir durch kreatives und gemeinsames Handeln viel erreichen konnten. Egal ob bei Wasser, Solar oder auch bei der Schaffung eines umweltfreundlichen Verkehrskonzepts, das nicht nur die Lebensqualität in Muckendorf-Wipfing erhöhen, sondern auch wir als kleine Gemeinde dazu beitragen könnten, unsere Abhängigkeit von fossilen Brennstoffen zu reduzieren und die Luftqualität (zumindest) in unserer Gemeinde zu verbessern.

Wobei hier die Betonung auf „könnten" liegt, denn seit mehr als einem Jahr steht vieles einfach still.

Nichts tut sich mehr. Wir müssen uns also die Frage stellen: Wie funktioniert unsere zukünftige Strategie? Anstatt in Stillstand zu verharren, sollten wir die Möglichkeit nutzen, gemeinsam neue, innovative Lösungen zu entwickeln. Wir fordern mehr Mut zu einem strategischen Plan, der ökologische Initiativen, Bürgerbeteiligung und innovative Verkehrskonzepte miteinander verbindet. Es ist an der Zeit, die Verantwortung für die grüne Zukunft unserer Gemeinde zu übernehmen und aktiv zu handeln, bevor wir die nächsten Jahrzehnte in einem trägen Stillstand zubringen.

Muckendorf-Wipfing hat das Potenzial, ein Vorbild für nachhaltige Entwicklung in der Region zu werden. Lasst uns also bitte gemeinsam die Ärmel hochkrempeln, um die nötigen Veränderungen anzustoßen und den Weg in eine grüne Zukunft beschreiten. Nur so können wir garantieren, dass wir nicht nur von einer nachhaltigen Gemeinschaft sprechen, sondern diese auch tatsächlich leben und umsetzen. Die Fragen und Herausforderungen, vor denen wir stehen, sind zahlreich, doch die Lösungen liegen in unserer Hand – gemeinsam.

VOLLER EINSATZ – STATT STILLSTAND – Sie entscheiden!

Meilenstein 11: Stolz auf unsere Gemeinde – und Unterstützung von Landeshauptmann und Landeshauptfrau

– auch in Zukunft?

Bgm. Hermann Grüssinger, mit Landeshauptfrau Mikl-Leitner

Das kann man sich nach so langer Zeit kaum noch vorstellen. Aber, wir waren unglaublich Stolz auf unsere Freiheit. Auf die Unabhängigkeit unserer Gemeinde. Wir haben uns getrennt von Zeiselmauer – und das war gut. Und wir haben aus dieser Trennungsbewegung weg von Zeiselmauer eine Vielzahl an Vorteilen für unsere Gemeinde gewonnen.

Wir wollten ja nicht nur eigenständig sein, sondern auch den Bürgerinnen und Bürgern vermitteln, was das für uns und unsere Zukunftsziele bedeutet. Für mich war wichtig, dass wir im Ort weiterhin einen großen Zusammenhalt haben und eine hohe Identifikation mit unserem Heimatort. Denn darauf kommt es an, wenn es darum geht, gemeinsame Ziele in einer Gemeinde auch gemeinsam zu schaffen. Darum war eine der ersten Aktionen gleich die Schaffung des Gemeindewappens. Als äußeres Symbol und Zeichen und unserer Verbundenheit mit unser aller Lebensmittelpunkt – der Gemeinde Muckendorf-Wipfing.

Daher war die Verleihung des Gemeindewappens von Muckendorf-Wipfing in Niederösterreich im Herbst 1999 ein bedeutender Schritt für die ganze Gemeinde und natürlich auch ist ein stolzes Symbol für ihre Bewohner.

Unser Wappen zeigt drei silberne Fische, die die historische Verbindung Muckendorfs zum Fischfang symbolisieren. Zusätzlich repräsentiert die goldene Korngarbe die uralte agrarische Struktur unserer Gegend und die landwirtschaftlich gewachsenen Traditionen von Muckendorf-Wipfing. Diese beiden Symbole sind nicht nur Teil der visuellen Identität der Gemeinde, sondern spiegeln auch ihre Geschichte und Traditionen wider. Sie sollten unsere Bewohner nicht nur optisch ansprechen, sondern auch eine identitätsfördernde tiefere Bedeutung widerspiegeln und die lange Geschichte der Gemeinde repräsentieren. Das ist uns glaube ich sehr gut gelungen und alle sind stolz auf dieses Wappen. Die Verleihung des Gemeindewappens im Herbst 1999 und der Wechsel ins neue Jahrtausend waren daher für alle, die damals dabei waren, ganz besondere Momente. Das sollte man nie vergessen, wenn man heute stolz darauf ist, wie schön es bei uns ist. Wir haben tatsächlich gegen Windmühlen gekämpft dafür.

Apropos: Eine kleine Anekdote am Rande, die ich immer noch sehr bezeichnend und lustig finde. Nach all dem Kleinkrieg und Gezänke um die Selbständigkeit hat uns auch Herr Landeshauptmann Erwin Pröll in Muckendorf-Wipfing besucht und es sich nicht nehmen lassen, uns zu unserer Sturheit und unserem Durchhaltevermögen zu gratulieren. Er hat uns dann bestätigt und in seiner Rede gesagt, wie gut wir sind in der Gemeinde. Tja, so läuft es in der Politik. Zuerst möglichst viele Stolperfallen und Hindernisse aufbauen und dann, wenn alles vorbei ist, schauen alle happy in die Kamera. Ich muss sagen, das war sehr befriedigend für alle Beteiligten 😊

Bgm. Hermann Grüssinger, mit ehem. Landehauptmann Pröll

Und das gute Verhältnis hat sich dann auch in der Zukunft fortgesetzt mit Landeshauptmann Pröll und auch mit der Nachfolgerin Johanna Mikl-Leitner, denn wenn ich als Bürgermeister seit damals was für die Gemeinde gebraucht habe, dann hat man einfach beim Landhauptmann oder jetzt bei der Landeshauptfrau anrufen können und dort wurden dann alle „möglichen" Hebel für die Gemeinde in Bewegung gesetzt.

VOLLER EINSATZ – STATT STILLSTAND – Sie entscheiden!

Meilenstein 12: Keine Angst vor Feuer und Katastrophen

– auch in Zukunft?

Eine starke Gemeinde schützt sich selbst.

Die Bedeutung des Kaufs eines TLF 2000 Löschzuges und des Neubaus des Feuerwehrhauses für die Freiwillige Feuerwehr Muckendorf-Wipfing waren für die Sicherheit der Gemeindebürger wichtig!

Im Jahr 2004 erfolgte der Kauf eines Tanklöschfahrzeugs TLF 2000. Mit einem Löschwassertank von mindestens 2000 Litern ausgestattet, ermöglicht dieses Fahrzeug einen schnellen und effektiven ersten Löschangriff, insbesondere in ländlichen Gebieten, wo eine unmittelbare Löschwasserversorgung nicht immer gewährleistet ist. Der Erwerb des TLF 2000 hat nicht nur die Reaktionsfähigkeit der Feuerwehr erhöht, sondern auch das Sicherheitsgefühl aller Gemeindemitglieder.

Dank des TLF 2000 kann die Feuerwehr bei Bränden und anderen Notfällen sofort mit einem umfangreichen Löschangriff beginnen, noch bevor Unterstützung aus anderen Orten in der Region kommt. Die Möglichkeit, eine große Menge Wasser direkt am Einsatzort bereitzustellen, ist entscheidend, wenn jede Sekunde zählt. Diese technische Verbesserung hat es der Freiwilligen Feuerwehr ermöglicht, auch in kritischen Situationen, in denen keine Löschwasserversorgung zur Verfügung steht, effizient und zielgerichtet handeln zu können.

Zudem fördert das moderne Fahrzeug die Sicherheit der Einsatzkräfte, da sie mit einer optimierten Ausrüstung arbeiten können, die sowohl die Handlungskompetenz als auch die Effektivität unter Beweis stellt.

Seit 2015 verfügt die Freiwillige Feuerwehr Muckendorf-Wipfing über den Neubau des Feuerwehrhauses. Dieses Projekt stellte einen wichtigen Schritt für die Zukunft unserer Feuerwehr dar – übrigens auch in die Ausbildung von jungen Feuerwehrleuten, indem es die infrastrukturellen Rahmenbedingungen erheblich verbesserte. Das neue Feuerwehrhaus ermöglicht eine optimale Unterbringung der Fahrzeuge und Ausrüstungen und sorgt durch moderne technische Anschlüsse für eine effiziente Einsatzvorbereitung und eine schnelle Reaktion im Ernstfall.

Mit dem Neubau der Feuerwehr in Muckendorf-Wipfing wurde ein bedeutender Schritt in die Zukunft unserer Gemeinde gemacht. Dieser Neubau stellt nicht nur die notwendige Erweiterung des

Platzes für unsere Feuerwehrfahrzeuge und -geräte sicher, sondern bietet auch vielseitige Möglichkeiten für Schulungen und Übungen in modernen, funktionalen Räumlichkeiten.

Die engagierte Löschmannschaft der FF-Muckendorf-Wipfing (ca. 2005)

Diese Investition in unsere Infrastruktur hat dazu beigetragen, das Interesse junger Menschen für die Feuerwehr zu wecken. In der neuen Umgebung können Feuerwehrmitglieder kontinuierlich geschult und fortgebildet werden, was nicht nur die persönliche Entwicklung fördert, sondern auch die Einsatzbereitschaft und Professionalität der gesamten Mannschaft steigert.

Die eigene freiwillige Feuerwehr ist nicht nur ein wichtiger, sondern ein unverzichtbarer Bestandteil für die Sicherheit unserer Gemeinschaft. Sie ist das Rückgrat unseres Sicherheitskonzepts und gewährleistet, dass im Falle eines Brandes oder einer anderen Notlage schnelle und effektive Hilfe geleistet werden kann. Unsere gut ausgebildete Truppe ist auch über die Grenzen unserer Gemeinde hinaus gefragt.

Spatenstich zum Bau des neuen Feuerwehrhauses

Bei Großeinsätzen in Nachbargemeinden oder im Zuge von Naturkatastrophen und Unwettereinsätzen wie sie 2024 der Fall waren, wird unser Team oft hinzugezogen, um wertvolle Unterstützung zu leisten. Das spricht nicht nur für die Qualität unserer Ausbildung, sondern auch für den hervorragenden Ruf, den wir uns in der Region erarbeitet haben.

Die Freiwillige Feuerwehr Muckendorf-Wipfing ist heute hervorragend aufgestellt, um im Falle von Bränden und anderen Katastrophen schnell und effizient zu handeln – und das zum Wohle aller in unserer Region. Es liegt nun an uns allen, diese positive Entwicklung weiter voranzutreiben und nachhaltig für die Zukunft zu sichern. Gemeinsam können wir dafür sorgen, dass unsere Feuerwehr nicht nur heute, sondern auch in den kommenden Jahren eine verlässliche Anlaufstelle und ein Symbol für Sicherheit und Solidarität in unserer Gemeinde bleibt.

Ich möchte an dieser Stelle allen Mitgliedern der Feuerwehr meinen tief empfundenen Dank für ihren unermüdlichen Einsatz und ihren Dienst an der Allgemeinheit aussprechen. Ihr Engagement und Ihre Bereitschaft, in kritischen Momenten an vorderster Front zu stehen, verdienen höchste Anerkennung.

Wie wichtig eine funktionierende Freiwillige Feuerwehr ist, haben wir gerade erlebt. Der Sommer 2024 war katastrophal für unsere Nachbargemeinden. Muckendorf-Wipfing wurde zum Großteil verschont. Viele Häuser standen unter Wasser und viele Menschen standen vor den Trümmern ihrer Existenz. Hier hat auch unsere Feuerwehrtruppe Großartiges geleistet. Es sind diese selbstlosen Taten, die in einer Gemeinde ein Gefühl von Gemeinschaft und Sicherheit in der Bevölkerung schaffen und die Menschen zusammenschweißen.

VOLLER EINSATZ – STATT STILLSTAND – Sie entscheiden!

Meilenstein 13: Die Gemeinde weiter vorwärtsbringen – trotz „Hackel ins Kreuz"

– auch in Zukunft?

Nicht von ungefähr steht es als Meilenstein „13" in diesem Buch. Viele sehen die Dreizehn als Unglückszahl. Ich sehe es als meinen persönlichen Hinweis auf das „Hackel ins Kreuz", das ich mir vor knapp zwei Jahren eingefangen habe. Weil mich immer wieder Menschen fragen: „Was ist deine persönliche Motivation für die nochmalige Kandidatur als Bürgermeister?"

Ich kann nur sagen, es juckt mich einfach in den Fingern, erneut für das Amt des Bürgermeisters zu kandidieren. Diese Gemeinde ist für mich mehr als nur ein Ort – sie ist meine Lebensaufgabe, und ich möchte nicht zulassen, dass unsere Zukunft verspielt wird oder alles in Stillstand verfällt.

Für mich ist es aber nicht die Rache nach diesem „erzwungenen Rücktritt", die mich antreibt, sondern die tief verwurzelte Liebe zu diesem Ort und der Wunsch, ihn noch einmal aktiv mitzu-gestalten.

Es ist wichtig zu betonen, dass ich mir nicht einbilde, der Gescheiteste zu sein und ich habe auch nicht die Weisheit mit 'm

Löffel g'fressen. Vielmehr hängt mein Herz an dem, was wir in all den Jahren gemeinsam erreicht haben, und das gibt mir Kraft und Inspiration für die Zukunft.

Mein Ziel ist es, die Zusammenarbeit mit den Bürgerinnen und Bürgern wieder herzustellen, die jetzt nur noch auf kleiner Flamme köchelt. Vieles, das über Jahrzehnte aufgebaut wurde, wurde von den „Zerstörern" leichtfertig zerschlagen und sehr viel Unruhe in unsere Orte gebracht. Ich möchte auch weiterhin eine starke geeinte selbständige und autonome Gemeinde, die sich keine Vorschriften von oben diktieren lassen muss, wie es in der Vergangenheit der Fall war.

Um das zu erreichen, müssen wir – wie bisher – tatkräftig und auch ein bissl stur wie die Gallier sein, sonst kommt man zu nix. Egal ob kleine Verbesserung oder eine große Vision, wie der Schulcampus. Man darf mir glauben, es gehört viel Arbeit dazu, solche Ideen mehrheitsfähig zu machen und sie schließlich umzusetzen. Wenn dann innerhalb von nur 1 bis 2 Jahren die ganze Vorarbeit durch Nichtstun fast wieder umsonst war, dann will ich dagegensteuern und will das Ruder wieder selbst in die

Hand nehmen. Das kann doch nicht sein, dass Bremser alle Arbeit zunichtemachen.

Ich glaube, dass der Dialog mit den Bürgern von essenzieller Bedeutung ist. Wir leben in einer Zeit, in der alles auf der kommunalen Ebene durch Transparenz und Zugänglichkeit geprägt sein sollte. Fast jede Information, sei es das Protokoll der Gemeinderatssitzungen oder der Fortschritt verschiedener Projekte, ist mittlerweile online verfügbar, was den Bürgern die Möglichkeit gibt, sich eigenständig zu informieren.

Ich bin jemand, der gerne mit den Leuten spricht und stets ein offenes Ohr für ihre Anliegen hat. Ich bin viel unterwegs im Ort, treffe die Menschen und akzeptiere es, dass sie mich Tag und Nacht kontaktieren. Für mich ist dieser Austausch wichtig, um zu verstehen, was die Bürger tatsächlich bewegt und was sie sich wünschen. Große Veranstaltungen, bei denen komplexe Themen vorgestellt werden, finde ich oft wenig effektiv. Vielmehr setze ich auf Kommunikation im täglichen Miteinander und darauf, Ideen eigenständig umzusetzen.

Das, was ich in der Gemeinde mache, verstehe ich als ein Unternehmen, das für die Bürger möglichst effizient arbeiten muss. So konnten wir die Gebühren niedrig halten, was uns zu einer der günstigsten Gemeinden in Bezug auf die Wasserkosten macht. Die Brunnen, die wir selbst gebaut haben, verschaffen uns diese Unabhängigkeit und sichern uns Wasser für die nächsten hundert Jahre.

Genauso sollte es auch mit dem Schulcampus funktionieren. Ein Ort der Kinderausbildung für die nächsten 100 Jahre.

Dabei achte ich mit meinem wirklich penibel ausgesuchten Team sehr genau darauf, ob ein Vorschlag sinnvoll, umsetzbar und nachhaltig ist. Wir überlegen und kalkulieren auch die möglichen Auswirkungen auf unsere kleine Ortschaft. Oft beginnen die Gespräche skeptisch – die Menschen fragen sich, wozu etwas gut sein soll oder dass es ja Geld kostet. Aber wenn die neue Idee schließlich umgesetzt wird, und sie genießen das Ergebnis, ändert sich die Meinung sofort: „Das ist schön geworden!"

Zusammengefasst ist meine Motivation, erneut für das Bürgermeisteramt zu kandidieren, tief in meiner Verbundenheit zu unserer Gemeinde verwurzelt. Es ist der Wille, weiterhin aktiv an der positiven Entwicklung von Muckendorf-Wipfing mitzuarbeiten. Ich lade ALLE ein, sich diesem Prozess anzuschließen und gemeinsam an einer lebendigen, zukunftsfähigen Gemeinde zu arbeiten!

Neue Projekte brauchen Eigeninitiative und nicht Stillstand!

Ganz ehrlich! Das Wichtigste nach dieser zweijährigen Streiterei sollte sein, wieder mehr Friede und Gemeinsames in den Vordergrund zu rücken. Unser Motto für den Wahlkampf besteht daher aus nur kurzen Schlagwörter:

Klarheit, Sicherheit, Stabilität

Alle Gemeindemitglieder, die schon länger im Ort sind, können bestätigen, dass wir in den letzten 25 Jahren – unter meiner Führung, also vor den letzten zwei unsicheren Jahren – Klarheit, Sicherheit, Stabilität tatsächlich gehabt haben. Und daran möchte ich auch in den nächsten 5 Jahren arbeiten.

VOLLER EINSATZ – STATT STILLSTAND – Sie entscheiden!

Meilenstein 14: Kultur, Tradition und Events

– auch in Zukunft?

Vereinstradition ist Teil unserer Identität

Tradition ist der Gemeinde ein Anliegen – schon seit jeher. In Muckendorf-Wipfing ist uns daher die Verschönerung und Entwicklung unserer Gemeinde ein fortwährendes Anliegen, das uns am Herzen liegt. Unsere Aktivitäten in diesem Bereich erstrecken sich über mehrere Jahrzehnte und zeigen, wie wir gemeinsam an einer attraktiven und lebenswerten Umgebung arbeiten.

Lebendiges Brauchtums- und Vereinsleben

Dorfverschönerung funktioniert natürlich nicht ohne lebendiges Vereinsleben oder die Brauchtumspflege. Diese Traditionen und Aktivitäten bringen nicht nur Farbe und Charakter in unseren Alltag, sondern fördern auch den sozialen Zusammenhalt und das Miteinander in unserer Gemeinde.

Unser Ziel ist es, diese wertvollen Traditionen fortzuführen und aktiv an der Entwicklung und Verschönerung unseres Dorfes zu arbeiten. Die Vielfalt der Vereine in Muckendorf-Wipfing reicht von Sport- über Kultur- bis hin zu Geselligkeitsvereinen.

Die Vereinsarbeit spielt eine entscheidende Rolle in der Jugendarbeit und der Förderung des Ehrenamtes. Mit einer Vielzahl von Vereinen bieten wir jungen Menschen die Möglichkeit, aktiv zu werden, Teamgeist zu entwickeln und sich in unserer Gemeinde zu engagieren. In diesem Rahmen schaffen wir nicht nur einen Raum für sportliche Betätigung, sondern auch eine Gemeinschaft, in der Freundschaften entstehen und identitätsstiftende Werte vermittelt werden.

Jeder Verein bietet nicht nur den Mitgliedern, sondern der gesamten Gemeinde zahlreiche Möglichkeiten zur Teilhabe und Mitgestaltung. So veranstalten wir regelmäßige Feste, Vereinsfeiern und kulturelle Events, die das Gemeinschaftsgefühl stärken und Platz für Begegnungen schaffen.

Spiel und Spaß für Kinder, Eltern und Großeltern!

Ein perfekter Ort für ein gutes Leben!

Besonders stolz sind wir auf unsere traditionellen Feste oder Veranstaltungen, die es das Jahr über bei uns gibt. Egal, ob es die jährlichen Dorffeste oder Events und Aktionen rund um die Weihnachtsfeiertage sind. Diese Veranstaltungen sind nicht nur Gelegenheiten zum Feiern, sondern auch eine Plattform, um unsere Ortsgemeinschaft zu stärken und unser Brauchtum zu bewahren und weiterzugeben.

Gerade in der heutigen digitalen Welt ist es wichtig, dass alle Bürgerinnen und Bürger gemeinsam feiern, lachen und den Austausch über Generationen hinweg pflegen. Freude am Leben, in einem gesunden Umfeld, das ist, was Muckendorf-Wipfing seit jeher ausgezeichnet hat. Die Menschen verstehen sich als Gemeinschaft und sind gerne Teil davon.

Wahlgemeinschaft Muckendorf-Wipfing / Liste H. Grüssinger

Indem wir unsere Traditionen auch in Zukunft aktiv pflegen und ein lebendiges Vereinsleben fördern, schaffen wir eine starke Identität mit unserer Heimat. Der Austausch der Generationen, die aktive Mitgestaltung durch alle Bürgerinnen und Bürger und das Bewusstsein für unsere Wurzeln formen ein lebendiges Miteinander, das Muckendorf-Wipfing zu einem besonderen Ort macht, in dem man gerne lebt und gemeinsam feiert.

Machen wir unser Dorf zu einem Vorbild für Gemeinschaft, Lebensfreude und kulturellen Reichtum in Niederösterreich!

Als ehem. Bürgermeister kann man mit „allen" feiern

Unser neues Jugendzentrum MuWi

Dieser Treffpunkt für Jugendliche im Alter von 12 bis 19 Jahren bietet eine Vielzahl von Aktivitäten und Unterstützungsmöglichkeiten, um die Freizeit sinnvoll zu gestalten und soziale Kontakte zu fördern.

Location

Das Jugendzentrum befindet sich Landstraße 8 und kann für die unterschiedlichsten Aktivitäten genutzt werden. Jugendliche können an verschiedenen Workshops und Projekten teilnehmen, die von der Gemeinde und externen Partnern organisiert werden.

Projekte und Aktivitäten

Ein besonderes Highlight war der Workshop „JugendRAUM", bei dem Jugendliche aktiv in die Gestaltung des Jugendraums einbezogen wurden. Themen wie Ausstattung, Organisation und Nutzung des Raums wurden gemeinsam erarbeitet, um eine hohe Akzeptanz und Nutzung zu gewährleisten.

Ziel und Vision

Das Ziel des Jugendzentrums ist es, einen sicheren und einladenden Raum zu schaffen, in dem Jugendliche ihre Freizeit verbringen, neue Fähigkeiten erlernen und sich gegenseitig unterstützen können. Die partizipative Gestaltung und die enge Zusammenarbeit mit der Gemeinde tragen dazu bei, dass das Jugendzentrum MuWi ein zentraler Bestandteil des sozialen Lebens in Muckendorf-Wipfing ist.

Jugendzentren wie das Jugendzentrum MuWi in Muckendorf-Wipfing spielen eine entscheidende Rolle im Leben junger Menschen. Sie bieten einen sicheren Rückzugsort, an dem Jugendliche ihre Freizeit sinnvoll gestalten können. Das Jugendzentrum MuWi, gelegen an der Landstraße 8, ist ein vielseitiger Treffpunkt, der für verschiedene Aktivitäten genutzt werden kann.

Eröffnungsfeier Duell mit GR Gerhard Westermayer

Wir wollen die Jugend im Ort halten. Wir wollen auch weiterhin junge Familien anziehen, die in Muckendorf-Wipfing ihren Lebensmittelpunkt sehen sollen.

Dabei spielt die entsprechende Infrastruktur des Ortes und seine Freizeitangebote eine entschiede Rolle. Die Gemeinde ist daher gefordert, genau hinzuhören, welche Bedürfnisse Alte oder Junge aussprechen, um darauf mit den richtigen Maßnahmen zu reagieren.

VOLLER EINSATZ – STATT STILLSTAND – Sie entscheiden!

Meilenstein 15: Gesundheit und medizinische Nahversorgung

– auch in Zukunft?

Es braucht eine Vision für die Gesundheitsversorgung in Muckendorf-Wipfing.

Unsere lautet: wir brauchen eine Kassenarztpraxis bei uns!

Diese Praxis (egal ob weiblicher oder männlicher Arzt), würde nicht nur die medizinische Versorgung vor Ort verbessern, sondern auch die Lebensqualität unserer Bürgerinnen und Bürger erheblich steigern. Mit einer Kassenarztpraxis könnten wir sicherstellen, dass alle Einwohner, unabhängig von ihrem Einkommen, Zugang zu notwendiger medizinischer Betreuung haben. Dies ist ein wichtiger Schritt, um die Gesundheit und das Wohlbefinden unserer Gemeinde nachhaltig zu fördern.

DAHER: In der kommenden Legislaturperiode, nach der Wahl im Januar 2025, stehen wir vor der wichtigen Herausforderung, die Gesundheitsversorgung in unserer Gemeinde aktiv zu gestalten und zu verbessern. Wir sind fest entschlossen, den Arztzuzug in

Muckendorf-Wipfing anzupacken und zu fördern, um einen Arzt oder eine Ärztin quasi „anzulocken" 😊

Wir können damit einen entscheidenden Beitrag zu leisten, um die medizinische Versorgung unserer Gemeinde sicherzustellen.

Wie realisieren wir das? Üblicherweise liegt es auch in der Verantwortung der Gemeinden, die Weichen für eine verbesserte Gesundheitsversorgung zu stellen. Aber unser „Bremsmeister" ist auch in diesem Bereich nur passiv. Wir planen daher, geeignete Räumlichkeiten für eine Praxis zur Verfügung zu stellen und Infrastrukturmaßnahmen zu ergreifen, die es neuen Ärzten ermöglichen, sich bei uns niederzulassen und langfristig zu bleiben.

Fakt ist, dass es in unserer Region, trotz gewachsener Bevölkerung, nicht genügend Kassenärzte gibt. Muckendorf-Wipfing und auch einige umliegende Gemeinden sind in den letzten Jahren deutlich gewachsen, die Anzahl der Allgemeinmediziner hat sich allerdings nicht im gleichen Maß erhöht. Ärzte bleiben lieber in Wien. Nur in Orten wie St. Andrä-Wördern, Zeiselmauer und Königstetten sind einige Ärzte ansässig, jedoch ist das sehr unbefriedigend für unsere Gemeinde, vor allem, wenn es um Untersuchungen von jungen und älteren Personen geht.

Wir brauchen einen Gemeinde-Arzt oder eine Ärztin!

Daher ist es unser Ziel, entweder einen neuen Arzt oder eine neue Ärztin nach Muckendorf-Wipfing zu holen und diese in unserer Gemeinde anzusiedeln. Wahlärzte gäbe es genug, es liegt ja auch am System der Krankenkassen, dass Landärzte weniger verdienen. Oft kaum genug, um ihre Praxis rentabel zu führen, wenn sie täglich nur wenige Patienten behandeln. Unsere Vision ist es jedoch, eine Kassenarztpraxis in Muckendorf-Wipfing zu etablieren.

Durch bereits erfolgte aktive Gespräche mit geeigneten medizinischen Fachkräften und durch die Bereitstellung der notwendigen Ressourcen bringen wir frischen Wind in die Gesundheitsversorgung.

Unser Engagement für die Ansiedlung eines Arztes oder einer Ärztin ist nicht nur ein Beitrag zur medizinischen Versorgung, sondern auch ein Schritt hin zu einer allzeit gesunden Gemeinde.

VOLLER EINSATZ – STATT STILLSTAND– Sie entscheiden!

Meilenstein 16: Einkaufen und Nahversorgung

– auch in Zukunft?

Derzeit ist es ein Geschäft, in Verbindung mit einem gemütlichen Kaffeehaus, das die wichtige Aufgabe der Nahversorgung in der Gemeinde übernimmt. Zusammen mit unseren gastronomischen Betrieben – darunter mehrere Gaststätten, eine Tennishalle, die ebenfalls als Gastlokal fungiert – bieten wir ein durchaus zufriedenstellendes Angebot für die Größe unserer Gemeinde. Im Vergleich dazu hat eine Kommune wie St. Andrä-Wördern, die vier- bis fünfmal so groß ist, kaum mehr Einrichtungen für seine Einwohner. Wir sind also ganz gut aufgestellt.

Zukünftig wollen wir unsere Anstrengungen verstärken, um weitere Klein-Gewebetreibende und Handwerker in die Gemeinde zu bringen. Wir werden die bestehenden Ressourcen nutzen und gezielt Initiativen entwickeln, um lokale Unternehmer zu unterstützen und neue Handelsmöglichkeiten zu schaffen. Unsere Vision ist es, ein einladendes Umfeld zu schaffen, das es sowohl neuen als auch etablierten Betrieben ermöglicht, in Muckendorf-Wipfing prosperieren und wachsen zu können.

Megasupermärkte wird es nicht geben!

Unser Ziel war und ist es nie, einen Wirtschaftspark oder Ähnliches zu errichten. Die immer wieder geäußerten Wünsche unserer Bewohnerinnen und Bewohner zeigen deutlich, dass dies nicht gewollt wird. Dennoch muss eine Gemeinde Einkünfte erzielen.

Hier sind wir in der wunderbaren Situation, über bedeutenden Grundbesitz, insbesondere entlang der Donau zu verfügen, der Einnahmen für die Gemeinde generiert und gleichzeitig einen attraktiven Lebensraum für unsere Gemeinde bietet.

Unser Fokus sollte auch in Zukunft darauf liegen, den Verkehr auf Ziel- und Quellverkehr zu beschränken und Schwerverkehr möglichst zu vermeiden. Wir sollten daher die Belastung durch übermäßigen Verkehr minimieren und dafür eine hochwertige Wohnqualität für alle Einwohnerinnen und Einwohner sicherstellen. Dies ist unser Leitmotiv für die kommende Legislaturperiode.

Dieser Ansatz verdeutlicht unser Engagement, Raum für ein attraktives Wohnumfeld zu schaffen, das den Bedürfnissen unserer Bürgerinnen und Bürger gerecht wird.

Wir wollen auch in Zukunft kein Gewerbegebiet.
Wir wollen keine Riesen-Hallen und keine großen
zubetonierten Parkplatzflächen – das wollen wir nicht.
Wir sind hochqualitatives Wohn- und Lebenszentrum
am Rande der Großstadt Wien.

Wir müssen jedoch sicherstellen, dass alle Einwohnerinnen und Einwohner Zugang zu grundlegenden Dienstleistungen und Produkten haben, ohne weite Wege auf sich nehmen zu müssen. Egal, ob es um Lebensmittel, Drogeriewaren oder andere wichtige Güter des täglichen Bedarfs geht, wir sind überzeugt, dass eine gut aufgestellte Nahversorgung zur Identität und Attraktivität unserer Gemeinde beiträgt.

Das Einkaufen darf nicht nur mit dem Auto möglich sein, sondern Geschäfte des täglichen Bedarfes sollten auch zu Fuß erreichbar sein.

Kreativ denken – um neue Unternehmen anzuziehen!

Es gilt, Einzelunternehmer dazu zu bringen, sich bei uns anzusiedeln. Denkbar sind unter anderem die Förderung von Wochenmärkten, oder die Unterstützung von Direktvermarktern aus der Region. Diese Initiativen werden nicht nur die Verfügbarkeit von Waren erhöhen, sondern auch die lokale Wirtschaft unterstützen und das Gemeinschaftsgefühl stärken.

Nahversorgung bedeutet auch Förderung der Wirtshauskultur, als Begegnungsstätten. Egal ob Essen gehen oder gemütlich beim Kaffee sitzen. Das gehört zur österreichischen Lebenskultur dazu. Daher wollen wir barrierefreie, gut erreichbare Lokale und Kommunikationszentren fördern, die für alle Altersgruppen ansprechend sind. Wir streben an, sichere und einladende Orte zu schaffen, an denen sich die Bürgerinnen und Bürger begegnen, plaudern und einkaufen können.

Junge Unternehmen sind bei uns immer willkommen, wenn sie zur Infrastruktur beitragen und wenn sie sichere Arbeitsplätze im Ortsgebiet schaffen. Wir setzen dabei nicht auf „big is beautiful", sondern auf „smart is beautiful". Es sollen also sinnvolle und für die Gemeinschaft relevante Geschäfte oder Unternehmungen sein, die wir ansiedeln möchten. Egal in welcher Branche.

Solche Betriebe fördern nicht nur die Nahversorgung, sondern bieten neben den Jobs sozialen Mehrwert innerhalb unserer Gemeinde.

VOLLER EINSATZ – STATT STILLSTAND – Sie entscheiden!

Meilenstein 17: Ausbau der Radwege

– auch in Zukunft?

Der Ausbau des Radwegs zwischen Muckendorf und Wipfing war ein bedeutendes Projekt für die Gemeinde, auch für mich. Zuvor gab es nur eine schmale Straße, die vor allem in den Winter- und Herbstmonaten für Fußgänger und Radfahrer gefährlich war. Um die Verbindung zwischen Muckendorf und Wipfing zu stärken, aber auch um innerhalb der Gemeinde den Radverkehr zu verbessern und die Sicherheit der Bürger zu gewährleisten, wurde daher der Bau eines modernen Radwegs in die Wege geleitet.

Die Realisierung des Radwegs war kein einfaches Unterfangen. Es mussten zahlreiche Herausforderungen gemeistert werden, wie beispielsweise die Klärung von Grundstücksfragen, die Finanzierung des Projekts und die

Genehmigung durch die entsprechenden Behörden. Durch den engagierten Einsatz der Gemeinde und die Unterstützung der Bürger konnten jedoch alle Hindernisse überwunden werden.

Nach Fertigstellung der Radwege gab es eine spürbare Verbesserung der Verkehrssituation und der Sicherheit für Fußgänger und Radfahrer. Dies führte zu einer gesteigerten Lebensqualität in der Gemeinde und zu einer positiven Resonanz bei den Einwohnern.

Auch der Radweg zwischen Wipfing und Königstetten kann als kleiner Meilenstein gesehen werde, da die Strecke nun auch erweitert wird nach Tulbing. Wir haben als Gemeinde viele bürokratische Hürden nehmen müssen, um diese Radwege durchzusetzen. Aber gerade für die vielen Pendler und Familien mit Kindern machen diese speziell gesicherten Wege absolut Sinn.

Das Fahrrad sollte nicht nur für Pressefoto ins Bild gehalten werden.

VOLLER EINSATZ – STATT STILLSTAND – Sie entscheiden!

Meilenstein 18: Verkehrsanbindung in alle Richtungen

– auch in Zukunft?

Jetzt mal ehrlich. Kaum eine Gemeinde in Österreich hat eine derart perfekte Anbindung an sowohl die Landstraße oder die Autobahn als auch an das ÖBB-Schienennetz.

Ich bin stolz auf die schnelle und bequeme Anbindung an Wien.

Genau darum ist Muckendorf-Wipfing so beliebt bei jungen Familien, die bei uns die Ruhe zum Leben finden und in Wien ihrer gut bezahlten Arbeit nachgehen. Ohne Übertreibung kann man sagen, vom Bahnhof Muckendorf kommt man innerhalb von 40 Minuten ins Zentrum von Wien und steht vor dem Stephansdom.

Das war aber durchaus nicht immer so und hat von der Gemeindeleitung viel Überzeugungskraft und Verhandlungs- geschick mit allen Beteiligten verlangt. **Vor allem viiiieeeel Geduld bei all den langen Sitzungen, Gesprächen und Verhandlungen.** Jedes Treffen war geprägt von intensiven Diskussionen und dem Streben, die besten Lösungen für unsere Gemeinde zu finden. Wir mussten viele Hindernisse überwinden und stets wieder neu motivieren, um unser Ziel zu erreichen. Aber unsere Entschlossenheit hat sich ausgezahlt – heute sind wir stolz auf das, was wir geschafft haben.

Eines ist aber klar: Diese Top-Verbindungen eröffneten eine Vielzahl von Möglichkeiten für Berufspendler und erleichterten gleichzeitig die Erreichbarkeit von Freizeitangeboten und kulturellen Veranstaltungen in der Bundeshauptstadt Wien!

Die Möglichkeit, ohne großen Aufwand zwischen Stadt und Land zu pendeln, ist für uns nicht nur ein Vorteil, sondern essenziell für unsere Lebensqualität. Sie trägt zur Attraktivität von Muckendorf-Wipfing bei und ermöglicht es uns, sowohl die Vorzüge einer ruhigen Lebensumgebung als auch die Annehmlichkeiten und Kulturangebote der Weltstadt Wien vor unseren Toren in vollem Umfang zu genießen.

Unsere Gemeinde profitiert immens von der direkten Verkehrs-anbindung. Wir möchten diese positiven Entwicklungen weiter vorantreiben und sicherstellen, dass unsere Verkehrsanbindung auch zukünftig optimal bleibt.

Wir wissen, wie viele von uns tagtäglich in die Bundeshauptstadt fahren müssen. Sei es wegen dem Arbeitsplatz oder wegen einer Schule oder der Universität.

Die Stärkung der Verbindungen in alle Richtungen ist für uns nicht nur ein logistischer Aspekt, sondern auch ein entscheidender Faktor für die Zukunft unserer Gemeinde. Damit Muckendorf-Wipfing zukunftssicher und lebenswert bleibt!

In 40 Minuten von Muckendorf-Wipfing ins Zentrum von Wien!

VOLLER EINSATZ – STATT STILLSTAND – Sie entscheiden!

Meilenstein 19: Umwelt und Natur

– auch in Zukunft?

Unser Wappen, mit den drei silbernen Fischen und der goldenen Korngarbe, fängt das Wesen unserer Gemeinschaft perfekt ein. Die Farben Blau-Gelb repräsentieren Niederösterreich, und Blau-Grün die herrliche Natur um unsere Gemeinde herum. Nicht umsonst gibt es so großen Zuzug, weil viele Familien die Schönheit einer natürlichen Umgebung einer Großstadt vorziehen. Offizielle Wappenverleihung war am 25. 09. 1999 durch den damaligen Landeshauptmann Erwin Pröll und unter Beteiligung vieler Gemeindebürgerinnen.

Wir halten uns an diese Symbolik unseres Wappens!

Wir sind stolz darauf, dass es uns gelungen ist, harmonisch und organisch zu wachsen, ohne dabei die Natur maßlos zu über-bauen. Schon damals haben wir darauf geachtet, verdichtete Einheiten zu fördern, um die Ressourcen schonend zu nutzen. Auch wenn mir vorgeworfen wurde, zu viel zu bauen, habe ich immer darauf geachtet, dass wir nicht die gesamte Landschaft zubetonieren. Als Bürgermeister war es mir ein Anliegen, die Schönheit und Einzigartigkeit unserer Gemeinde zu bewahren.

Natur ist bei uns kein Fremdwort, sondern tägliches Erleben

Im Gemeindegebiet gibt es daher zahlreiche Grünflächen, Wanderwege und Naturschutzgebiete, die sowohl Einheimische als auch Besucher genießen können. Die Nähe zur Donau und die vielfältige Flora und Fauna machen Muckendorf-Wipfing zu einem idealen Ort für Naturliebhaber und Familien, die Wert auf eine hohe Lebensqualität legen.

VOLLER EINSATZ – STATT STILLSTAND – Sie entscheiden!

Meilenstein 20: Dorferneuerung und Dorf-verschönerung

– auch in Zukunft?

Bereits 1992 begann die erste Phase der Dorferneuerung in Muckendorf und Wipfing. Dieser Schritt war der Auftakt für zahlreiche Projekte, die darauf abzielten, unser Dorf zu verschönern und die Lebensqualität für alle Bürgerinnen und Bürger zu verbessern.

Im Jahr 2000 schlossen wir uns der Initiative „Gesunde Gemeinde" an, wodurch wir unser Engagement für ein gesundes und nachhaltiges Dorfleben unterstrichen haben.

Ein weiteres wichtiges Projekt folgte 2001 mit dem Bau des Radweges Muckendorf-Wipfing. Die Schaffung eines sicheren und gut geplanten Radwegenetzes fördert nicht nur die Mobilität, sondern bringt auch Ausflügler zu uns.

Das alte Halterhaus in neuem Glanz!

Im Jahr 2002 konnten wir das Halterhaus in Wipfing revitalisieren, was ein wertvolles Stück Geschichte und Kultur in unserer Gemeinde erhält. Dieses Engagement für unsere historische Bausubstanz zeigt, dass wir den Erhalt unserer Identität ernst nehmen. Dafür habe ich mich als Bürgermeister immer gerne eingesetzt, obwohl es nicht immer leicht ist, manche Bürger und Bürgerinnen von solchen „speziellen" Ausgaben zu überzeugen.

Ein Highlight für die generelle Dorfentwicklung war die Eröffnung des „Haus der Generationen" im Jahr 2005, welches als zentraler Treffpunkt für Jung und Alt dient. Hier finden zahlreiche Veranstaltungen und Aktivitäten statt, die den sozialen Zusammenhalt innerhalb unserer Gemeinde stärken.

Haus der Generationen in herrlicher Abendsonne

Bei uns herrscht - Prima Klima!

2010 traten wir dem Klimabündnis bei, um unser Engagement für nachhaltige Entwicklung und Umweltschutz zu demonstrieren. Viel ist seit damals in diesem Punkt in der Gemeinde geschehen. Gerade steht ein Projekt in den Startlöchern, das uns jährlich 1000 Megawatt Strom von der Sonne liefern könnte. Könnte? Man ahnt, warum „könnte", weil der Bremsmeister nicht aktiv wird.

Auch unsere Verstorbenen haben es seit 2011 deutlich schöner, weil wir den Friedhof neu errichtet haben. Seither ist es eine schöne, besinnliche und ansprechende Ruhestätte für unsere Bürgerinnen und Bürger.

Aktiv für die Natur, und möglichst viel davon behalten oder renaturieren, das ist das Motto, wenn es darum geht, unsere Lebensumgebung natürlich zu erhalten. Neue Bäume zu pflanzen, gehört dazu.

Ein Highlight – wir wurden „gesunde Gemeinde"

2012 erhielten wir das Grundzertifikat „Gesunde Gemeinde", gefolgt von der Auszeichnung mit der „Gesunde Gemeinde Plakette" im Jahr 2013. Diese Auszeichnungen sind Ausdruck unserer kontinuierlichen Bemühungen, das Wohlbefinden und die Gesundheit unserer Bewohnerinnen und Bewohner zu fördern.

Wir sind alle daran interessiert, die herrliche Landschaft, in der unsere Gemeinde gelegen ist, zu erhalten. Wir können uns glücklich schätzen, auf diesem Fleckchen Erde zu leben. Ich bin auch immer wieder begeistert, wenn ich solche Fotos von unserem Gemeindegebiet sehen, wie das folgende.

Umgeben von Natur und herrlicher Landschaft

Daher sind auch unsere Neubauten sehr überlegt, wie der Neubau des Gemeindeamts sowie die Umgestaltung des Amtshausplatzes 2014. Diese Maßnahmen tragen dazu bei, dass unsere Gemeinde auch für seine Bürger „funktioniert". Weitere Aktionen der Dorferneuerung war die Eröffnung des Schrittewegs 2016, für Bewegung und Entspannung in der Natur. 2017 war dann die Finalisierung der Renovierung des alten Amtshauses. Ein weiterer Schritt zur Dorfverschönerung.

VOLLER EINSATZ – STATT STILLSTAND – Sie entscheiden!

Aktuelle Stolpersteine

Auch wenn es lange Jahre gut läuft in einer Gemeinde, so werden durch (vorsichtig formuliert) gewisse „unbedachte Veränderungen" auch wieder Stolpersteine auf die Gemeindewege geworfen, die die Geschwindigkeit des Fortschritts drastisch verlangsamt oder sogar ganz zum Stillstand bringt.

Stolperstein 1: Verrat, Stillstand und Rückschritt

– haben <u>keine</u> Zukunft!

Als ehemaliger Bürgermeister von Muckendorf-Wipfing waren die echten Tiefpunkte, auch in menschlicher Hinsicht, die unrichtigen und böswilligen Anschuldigungen, die mich letztlich zum Rücktritt bewegt haben. Es war ein harter Schlag, der mich tief berührt hat und wo ich die Welt um mich herum nicht mehr verstand. Ich habe in all den Jahren als Bürgermeister immer peinlichst darauf geachtet, keine persönlichen Vorteile aus meiner Tätigkeit zu ziehen. Ganz im Gegenteil. Ich will gar nicht die unzähligen Stunden und Tage zählen, die ich für diese meine Gemeinde über Gebühr gearbeitet habe. Weit über meinen Dienstvertrag hinaus. Die ganze Aktion war aus heutiger Sicht eine abgekartete Sache. Man wollte mich loswerden – so einfach und so brutal.

Hackel ins Kreuz vom TEAM-MUCKENDORF-WIPFING und dem „Interims-Bürgermeister" Harald Germann

Hiermit betone ich nochmals und vor allem auch „schriftlich": Alles, was mir vorgeworfen wurde, basierte auf unhaltbaren Gerüchten. Ich wurde mit erfundenen Geschichten, mit Drohungen mit der Staatsanwaltschaft und Presse konfrontiert.

Und obwohl mir mit sofortigen und massiven rechtlichen Konsequenzen gedroht wurde, gibt es bis heute keine Anklage, kein Verfahren, gar nichts.

Ich bezeichne die Vorgänge als „Putsch" und behaupte, dass diejenigen, die vor einem Jahr an die Ruder der Gemeinde kamen, dies durch ein Komplott und nicht durch demokratische Wahlen getan haben.

Innerhalb des Bildes steht auf einem Klemmbrett:

KLARSTELLUNG:

Nein, ich habe NICHT als Bürgermeister die Bauträgertätigkeiten durchgeführt, sondern habe als Privatperson bzw. mit meiner Firma HMMG Holding GmbH nur an verschiedenen Projekten mitgewirkt.

DAS darf ich und ist rechtlich zulässig!

Anmerken möchte ich noch, dass durch diese Tätigkeit mehrere Personen aus der Gemeinde zu ihren Grundstücken oder Häusern gekommen sind.

Es war damals Vizebürgermeister Homola, der der erste Käufer beim Projekt Oberfeldgasse 7 war.

Weiters auch die Gemeinderätin Bianca Berger-Germann, der ich das Grundstück, eigentlich gegen die geschäftlichen Interessen des Projektausführers, zugesagt habe und ihr Haus wurde zum Projektpreis errichtet.

Und noch etwas stelle ich klar: Es waren damals auch noch mehrere weitere, meist junge Hauskäufer aus Muckendorf und Wipfing, die gemeinsam mit den Bauunternehmen ihre Hausprojekte umgesetzt haben. Alles strikt nach Gesetz und Bauordnung. Nicht zuletzt ist dies auch die Aufgabe einer Gemeindevorstehung, den Einwohnern möglichst leistbare, moderne und günstige Einfamilien- oder Reihenhäuser im Gemeindegebiet zu ermöglichen.

Aber es gibt immer Neider und Quertreiber:

Daher hat mein rechtlich zulässiges Vorgehen auch Leo Geiger und Gattin offenbar so gestört, dass er behauptet hat, dass ich der böse Grundstückskäufer sei und niemand außer mir die Möglichkeit hatte, ein Grundstück in Muckendorf zu erwerben.

Richtig ist vielmehr, dass der Geschäftsführende Gemeinderat Geiger vor etwa 10 Jahren erheblich von der damaligen Umwidmung von Ackerland in Bauland profitiert hat. Bei der Parzellierung dieses Erweiterungsgebietes in der Unterfeldgasse fielen 22 Parzellen an den Geschäftsführenden GR Geiger! Dieser hat damals aber leider (und im Gegensatz zu seinen Forderungen, nur „an Unsrige" zu verkaufen) deutlich anders gehandelt. Er hat von seinen ca. 22 Bau-Parzellen nur eine einzige an „einen Unsrigen" verkauft. Tja, es tut mir leid, aber so schaut die wahre Geisteshaltung unseres lieben Herrn Geiger aus!

Im Gegensatz dazu haben wir ausschließlich <u>Grundstücke zum marktüblichen Preis erworben</u> und Projekte entwickelt, die dem Zeitgeist und der wirtschaftlichen Notwendigkeit entsprachen. Das bedeutet, es wurden nur kleinere Wohneinheiten auf kleinen Grundstücken gebaut, um die Versieglung so gering als möglich zu halten.

Dabei wurde insbesondere darauf geachtet, dass die Bewohner von Muckendorf-Wipfing und auch neue Einwohner eine gleichwertig faire Chance haben, zu vernünftigen Preisen Häuser zu erwerben.

Es war immer mein Ziel, gerecht und ausgeglichen für alle Einwohner von Muckendorf-Wipfing zu arbeiten, und ich bin überzeugt, dass ich dies in all den Jahren meiner Zeit als Bürgermeister auch genauso umgesetzt habe.

Drohungen und Anfeindungen

Es gab danach viele Unstimmigkeiten und sogar Drohungen in dieser Angelegenheit. Komisch – trotz aller Böswilligkeiten und Anschuldigungen gab es aber bisher keine einzige offizielle oder gerichtliche Anfrage an mich, und es wurde auch keine Anklage erhoben. Kein Wunder! Es ist auch alles immer korrekt und transparent vonstattengegangen, solange ich im Amt war. Ich habe nichts Illegales getan und mir liegt daran, dass die Wahrheit ans Licht kommt. Auch darum will ich wieder Bürgermeister werden, weil ich meine Weste reinwaschen will.

Danke an Alle, die mir Mut zugesprochen haben!

Ich habe berechtigte Gegenargumente und Beweise, die ich jedoch bisher noch nicht einsetzen musste. Es ist aufbauend, dass viele Menschen mich nach der angedrohten Abwahl als Bürgermeister weiter unterstützt haben und mich als das Opfer einer Intrige sehen. Es war ein echter Putsch durch den (nicht gewählten) Bürgermeister Germann und seinem Gefolge.

Fakt ist: Tatsächlich wurde keine dieser Personen offiziell gewählt, sondern alle kamen nur durch dieses Komplott am demokratisch gewählten Bürgermeister in ihre Funktionen.

Man kann sich vielleicht gar nicht vorstellen, wie menschlich belastend diese Affäre für mich und die Wahlgemeinschaft Muckendorf-Wipfing ist. Doch wir sehen in dieser Situation die Chance, uns erneut zu beweisen. Die bevorstehende Wahl wird zeigen, ob die Bürgerinnen und Bürger den Bürgermeister zurückwünschen, der die Gemeinde in den vergangenen Jahren maßgeblich geprägt hat, oder ob sie sich für Personen entscheiden, die nur eigene Vorteile im Blick haben. Für uns steht jedenfalls fest, dass wir nicht aufgeben werden und uns für das Vertrauen der Gemeindebevölkerung erneut bestätigt haben möchten.

Es liegt an den Wählerinnen und Wählern zu entscheiden, wer die Gemeinde in Zukunft führen soll – diejenigen, die aktiv etwas bewegen wollen, oder diejenigen, die nur als Sesselpicker im Gemeinderat sitzen wollen, ohne echte Arbeit zu leisten.

Und noch einen Beweis für die rechtlich einwandfreie Arbeit in meiner Zeit als Bürgermeister kann ich vorweisen ...

MUCKENDORF-WIPFING GEHÖRT ZU DEN
TOP-GEMEINDEN IN ÖSTERREICH
IM OFFIZIELLEN KDZ-RANKING

Der KDZ-Quicktest ist ein Instrument zur Bewertung der finanziellen Lage österreichischer Gemeinden. Entwickelt vom Zentrum für Verwaltungsforschung (KDZ), bietet der Quicktest eine schnelle und übersichtliche Analyse der Finanzgebarungen der 2093 österreichischen Gemeinden.

Hier sind einige wichtige Punkte, die beim KDZ-Quicktest geprüft werden:

Ziel:
Der Quicktest soll Gemeinden dabei helfen, ihre finanzielle Situation zu bewerten und frühzeitig auf mögliche finanzielle Probleme aufmerksam zu werden.

Methodik:
Der Test basiert auf verschiedenen Kennzahlen, wie z.B. Verschuldung, Liquidität und Eigenfinanzierungskraft. Diese Kennzahlen werden in einem Ampelsystem dargestellt (grün, gelb, rot), um die finanzielle Gesundheit der Gemeinde auf einen Blick erkennbar zu machen.

Nutzen:
Gemeinden können den Quicktest nutzen, um fundierte Entscheidungen zu treffen, finanzielle Risiken zu minimieren und langfristig eine nachhaltige Finanzpolitik zu verfolgen.

Muckendorf-Wipfing liegt auf dem ausgezeichneten 186. Platz von 2093 (!) Gemeinden! Uns wurden durchwegs gute Noten und Bewertungen gegeben.

Und diese gute wirtschaftliche Bewertung von offizieller Stelle darf ich mir, als langjähriger Bürgermeister zugutehalten. Vor allem, da es solche ungerechten Angriffe gegen mich gab.

Der KDZ-Quicktest ist ein wichtiges Prüfbarometer der wirtschaftlichen und finanziellen Gesundheit von Gemeinden in Österreich.

Muckendorf-Wipfing unter den TOP 10%

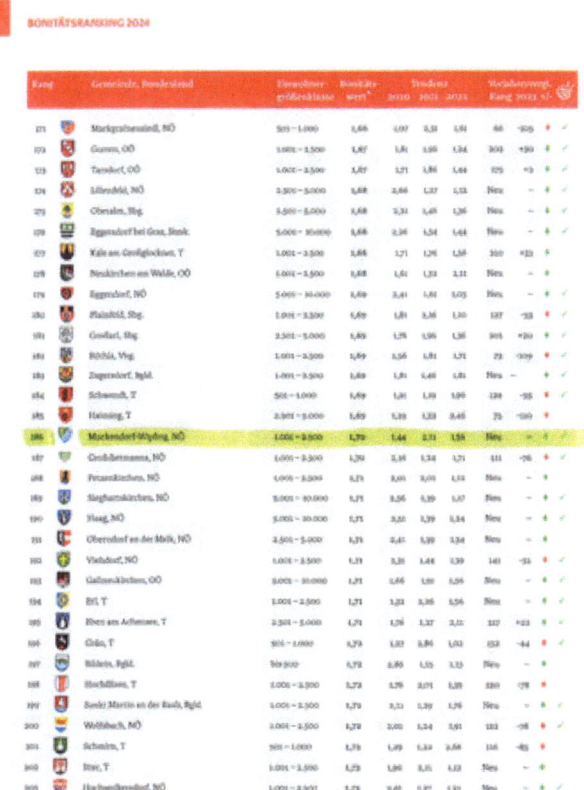

Man kann eigentlich sehr stolz auf unsere Gemeinde sein, denn die wirtschaftliche Situation von Muckendorf-Wipfing schaut nicht nur gut, sondern sogar SEHR GUT aus.

Apropos: nur zur allgemeinen Information. Dieses Zeugnis gilt ausschließlich für die Zeit, in der ich als Bürgermeister tätig war. Es ist NICHT die Leistung des aktuellen Gemeinderates.

VOLLER EINSATZ – STATT STILLSTAND – Sie entscheiden!

 Wahlgemeinschaft Muckendorf-Wipfing / Liste H. Grüssinger

Stolperstein 2: Die anderen sollen machen

– hat <u>keine</u> Zukunft!

Sorry, aber wer auf der Couch sitzen will, ist nicht geeignet als Bürgermeister. Nach vielen Jahren des Aufstiegs unserer Gemeinde ist seit der „feindlichen Übernahme" durch Harald Germann nun ein Knirschen im Gebälk der Gemeinde zu vernehmen. Das bislang solide Bauwerk Muckendorf-Wipfing scheint ins Wanken zu geraten. Seit anderthalb Jahren lenkt Harald Germann die Geschicke der Gemeinde und es zeichnen sich bereits gewisse Bremseffekte ab.

In seinen ersten Äußerungen gab (und gibt) der neue Bürgermeister tatsächlich bekannt, dass er in den nächsten zwei Jahren nichts Neues initiieren werde. Wie bitte? Seit wann ist „Nichts tun" ein Parteiprogramm? Diesen Ansatz habe ich ihm als oftmalig gewählter ehemaliger Bürgermeister auch öffentlich vorgeworfen und betont, dass dies einer Selbstaufgabe gleichkommt. Vor allem für einen nicht gewählten Bürgermeister.

Keine Entscheidung ist auch eine Entscheidung!

Es scheint, dass Germann und sein Team vor Entscheidungen zurückschrecken. Aber genau dafür ist ein Bürgermeister eigentlich doch da – um zu handeln und maßgebliche Entscheidungen zu treffen. Ohne klare Richtungsweise droht ein Stillstand, der sowohl der Gemeinde als auch der Bevölkerung schaden kann. Damit ist aber für alle in der Gemeinde klar, dass „seine" Entscheidung, „keine" Entscheidungen treffen zu wollen – auch eine ganz klare „eigene" Entscheidung ist. Allerdings keine, auf der sich aufzubauen lohnt.

Gerade in einer Gemeinde wie der unseren, die wächst und einer ständigen Veränderung unterzogen ist, ist auch die Flexibilität und Entschlossenheit der Gemeindeleitung notwendig. Es ist wichtig, dass eine dynamische Führung vorhanden ist, um sicherzustellen, dass die Gemeinde floriert und sich weiterentwickelt.

Unsere Gemeinde ist mit rund 30 Mitarbeitern und einem Jahresumsatz von ca. € 5,000.000,- durchaus kein kleiner Betrieb mehr, sondern erfordert schon wirtschaftliches Wissen, Management-Erfahrung und aktive Zukunftsplanung, um die schwieriger werdenden Aufgaben zu meistern.

Genau darum will ich wieder als Bürgermeister antreten. Ich habe viele Jahre lang bewiesen, wie es professionell geht! (siehe auch das vorherige Kapitel über unser ausgezeichnetes KDZ-Ranking unter 2000 Gemeinden in Österreich.)

VOLLER EINSATZ – STATT STILLSTAND – Sie entscheiden!

Stolperstein 3: Die Gemeinde „auseinander-dividieren"

– hat <u>keine</u> Zukunft!

Der unfreiwillige Rücktritt des von den Bewohnern demokratisch gewählten Bürgermeisters Hermann Grüssinger hat in der Gemeinde durchaus Wunden hinterlassen. Vor dem Skandal konnten wir auf ein starkes Zusammengehörigkeitsgefühl zurückblicken, das uns als Gemeinschaft geprägt hat. Doch seit knapp zwei Jahren und durch die damaligen Ereignisse wurden Gräben aufgerissen, die wir nun mühsam wieder schließen müssen. Und das gleich nach der Wahl des „neuen" und von einer Mehrheit gewählten Bürgermeisters.

Wir sind nicht nachtragend, wenn es um die Arbeit für die Gemeinde geht und das WMW Liste H. Grüssinger Team ist fest entschlossen, den Weg zurück zu Vertrauen, Stabilität und Handschlagqualität zu finden.

Das „Auseinanderdividieren" – muss ein Ende haben!

Um das Gemeinschaftsgefühl und den sozialen Zusammenhalt in der Gemeinde erneut zu stärken, müssen wir uns aktiv an die Arbeit machen. Der erste Schritt besteht darin, klare Mehrheiten im Gemeinderat zu schaffen, sodass wieder Vertrauen und Verlässlichkeit in die politische Arbeit zurückkehren können. Offene und transparente Kommunikation ist dabei von entscheidender Bedeutung. Wir wollen die Bürgerinnen und Bürger regelmäßig in unsere Planungen einbeziehen und gemeinsam Lösungen finden, die alle Interessen berücksichtigen.

Die Muckendorfer und Wipfinger haben immer ein starkes Selbstwertgefühl besessen – das war ein grundlegender Antrieb während der Trennung von Zeiselmauer. Dieses Selbstbewusstsein ist eine wertvolle Ressource, auf die wir zurückgreifen können. Stolz auf unsere Identität und das, was wir als Gemeinde erreicht haben, können wir die Herausforderungen, die vor uns liegen, bewältigen.

Unser Stolz auf Muckendorf-Wipfing bringt uns auch die Anerkennung aus den Nachbargemeinden ein:
Sie bewundern, was wir gemeinsam erreichen und wie wir die Herausforderungen meistern.

Das ist auch, glaube ich, ein entscheidender Punkt gewesen bei der Entwicklung, wo alle stolz waren auf Muckendorf-Wipfing. Das hört man auch aus den Nachbargemeinden: „Was ihr da macht und wie ihr das zusammenbringt, das ist ein Wahnsinn." Sowas hört man als Einwohner und natürlich auch als ehemaliger Bürgermeister gerne – keine Frage.

Aber auch von Seiten von Experten wurden wir immer wieder für unsere Leistungen gelobt. Ein bekannter Notar sagte mir einmal bei einer Veranstaltung im Flüsterton: „Was ihr da in 20 Jahren zusammengebracht habt, das bringen sie woanders in 100 Jahren nicht zustande."

Stimmt, aber das ist auch Arbeit, da musst du arbeiten und vor allem Dingen musst du Ideen haben und diese Ideen auch umsetzen.

Lasst es mich elegant formulieren:

Um das Gemeinschaftsgefühl in unserer Gemeinde in der Zukunft wieder zu festigen, planen wir verschiedene Aktivitäten und Veranstaltungen, die alle Generationen und alle Bewohnerinnen und Bewohner ansprechen. Wir möchten die Menschen zusammenbringen, um wieder ehrlichen Dialog zu ermöglichen, der in letzter Zeit etwas zu kurz gekommen ist. Wir wollen wieder den sozialen Austausch stärken. Der Bürgermeister muss wieder Kontakt zu den Bewohnern aufnehmen und nicht auf seinem Sessel im Rathaus picken.

Gespräche und Kontakt mit den Bewohnern soll wieder jederzeit möglich sein. Denn Inspiration und neue Ideen können wir nur aus der Gemeinschaft schöpfen. Sie sind unerlässlich! Nur wenn wir kreative Ansätze verfolgen und Visionen entwickeln, können wir gemeinsam erfolgreich sein.

Indem wir wieder gemeinsam anpacken und zusammenarbeiten, werden wir in der Lage sein, unsere Gemeinde auch den nächsten Generationen so zu übergeben, dass Muckendorf-Wipfing gesunde Heimat für alle ist. Die Zukunft liegt in unseren Händen, und gemeinsam können wir sie gestalten.

VOLLER EINSATZ – STATT STILLSTAND – Sie entscheiden!

Stolperstein 4: Nur Mitläufer sein und keine Taten setzen

– hat <u>keine</u> Zukunft!

Ganz ehrlich ... Es waren jetzt fast 2 verlorene Jahre. Obwohl unsere Gemeinde vor wichtigen Herausforderungen steht! Der gegenwärtige Zustand der letzten eineinhalb bzw. zwei Jahre ist nicht mehr haltbar. Diese kurze Zeit hat gereicht, einige bereits beschlossene Projekte sang und klanglos in der Versenkung verschwinden zu lassen. Einfach, weil Bürgermeister Germann nur am Sessel sitzt.

Wir sind überzeugt, dass es an der Zeit ist, aktiv zu werden, um wieder positive Visionen für Muckendorf-Wipfing zu entwickeln und dann auch mutig in die Tat umzusetzen.

Der aktuelle Bürgermeister Germann wird zunehmend als „Bremsmeister" wahrgenommen, und wir müssen gemeinsam überlegen, wie wir diese Situation verändern können.

Es ist offensichtlich, dass unter der gegenwärtigen Führung kaum nennenswerte Fortschritte erzielt wurden.

2 verlorene Jahre!

Seit der Übernahme durch Germann werden wichtige Projekte, die eigentlich bereits beschlossene Sache waren, verhindert oder nicht angepackt und bleiben aus unterschiedlichen Gründen auf der Strecke. Diese Stagnation darf nicht unser Selbstbild prägen.

Wir Muckendorfer als auch Wipfinger sind stolz und wollen nicht in Tatenlosigkeit untergehen. Stattdessen sollten wir entschlossen, mutig und proaktiv handeln, um die Weichen für eine erfolgreiche Zukunft zu stellen. Egal ob Jahrhundertprojekt Schulcampus oder Lärmschutzwand mit Solarenergiemodulen.

Wir als WMW Liste H. Grüssinger Team haben viele tolle Ideen und Projekte, die die Gemeinde Muckendorf-Wipfing auch in Zukunft zu dem machen, was sie bis vor kaum 2 Jahren auch bereits war. Ein innovativer und höchst bewundertes Fleckchen Erde – mitten in Niederösterreich, am schönen Donaustrom und im Einzugsgebiet unserer Bundeshauptstadt.

Es liegt in unserer Verantwortung, uns für ...

VOLLEN EINSATZ – STATT STILLSTAND

zu entscheiden. Das bedeutet, dass wir nicht nur Projekte stoppen oder ausbremsen (wie aktuell leider zu sehen ist), sondern auch aktiv agieren, Impulse setzen und sich für Bürgerwünsche und Anliegen starkmachen. Wir müssen unsere Stimme erheben und gemeinsam für einen Haltungswechsel und damit eine Rückkehr zu einer aktiven Gemeindepolitik sorgen.

Eine Abwahl oder ein Rücktritt von Bürgermeister Germann könnte eine Möglichkeit sein, wieder Platz für die bewährte und engagierte Führung zu schaffen.

Lasst uns gemeinsam diesen Schritt gehen – für ein Muckendorf-Wipfing, das durch Taten und nicht durch Stillstand geprägt ist!

VOLLER EINSATZ – STATT STILLSTAND – Sie entscheiden!

Stolperstein 5: Ängstlich in die Zukunft schauen

– hat <u>keine</u> Zukunft!

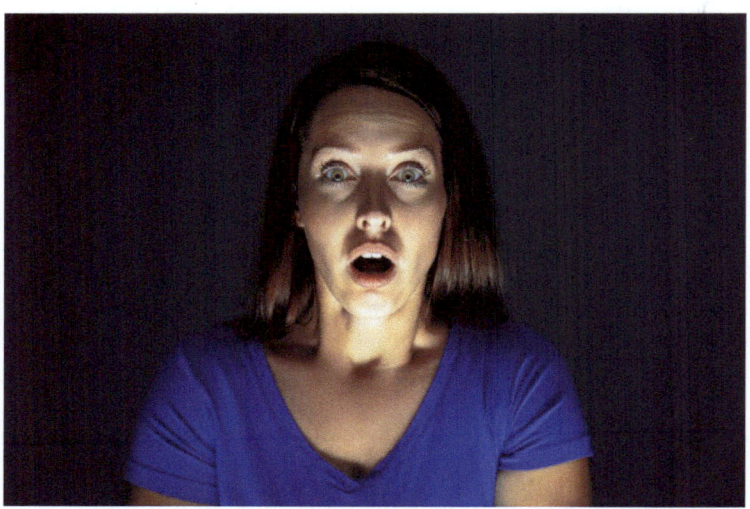

In unserer Gemeinde sind wir derzeit mit einem der bedeutendsten Stolpersteine konfrontiert: Ängstlichkeit!

Und zwar Ängstlichkeit des aktuellen Bürgermeisters Germann, Entscheidungen zu treffen. Entscheidungen, die dringend notwendig sind, damit wir nicht von anderen Gemeinden abgehängt werden. Wie es gerade beim Schulcampus passiert.

20 Jahre Vorbereitungszeit, Planungsaufwand und Lobbying bei den unterschiedlichsten Behörden stehen auf dem Spiel.

Wenn wir nicht aufpassen, geht der Schulcampus an eine andere Gemeinde und unsere Kinder müssen die nächsten Jahre und Jahrzehnte pendeln. Diese Unsicherheit hat in den letzten zwei Jahren dazu geführt, dass wir Chancen und Potenziale nicht ausreichend nutzen konnten. Es war die Ängstlichkeit von Germann, sich an große Projekte zu wagen.

Die Angst vor Veränderungen führt oft zu einem Festhalten an bewährten, aber stagnierenden Strukturen. Diese Ängstlichkeit ist verständlich – Veränderungen können Unsicherheiten mit sich bringen und erfordern eine klare Vision sowie den Mut, Risiken einzugehen. Doch wir dürfen nicht zulassen, dass diese Ängstlichkeit unsere Gemeinde um Jahre oder Jahrzehnte zurückwirft. Vielmehr müssen wir uns gemeinsam den Herausforderungen stellen und Lösungen entwickeln, die für alle Bürgerinnen und Bürger von Muckendorf-Wipfing von Vorteil sind.

Um die Ängstlichkeit zu überwinden, bedarf es offener Kommunikation, eines konstruktiven Dialogs, aber vor allem bedarf es auch des wirtschaftlichen Wissens, um bestimmte Projekte auch überblicken und einschätzen zu können. Genau da fehlt es den derzeit am Ruder befindlichen Teams von Germann.

Wir sind fest entschlossen, das Potenzial von Muckendorf-Wipfing wieder zum Blühen zu bringen. Noch hat die Gemeinde es nicht verlernt. Noch sind es erst knapp 2 Jahre, wo Stillstand herrscht. Eine mutige und progressive Gemeindepolitik ist der Schlüssel zu einer positiven Zukunft.

Setzen Sie ein Zeichen dafür, die Ängstlichkeit zu überwinden, um die notwendigen Schritte einzuleiten, um die wichtigsten anstehenden (und oft bereits beschlossenen) Projekte in die Realität umzusetzen.

VOLLER EINSATZ – STATT STILLSTAND – Sie entscheiden!

MIT KRAFT, ENERGIE UND TATENDRANG FÜR UNSERE GEMEINDE:
Damit was weitergeht!

**Wahlgemeinschaft Muckendorf-Wipfing
Liste H. Grüssinger**

www.wahlgemeinschaft-muckendorf-wipfing.at

Liebe Muckendorf-Wipfinger:innen,

nach einer Gott sei Dank relativ kurzen Zeit des Stillstandes und des Bremsens in unserer Gemeinde durch die neue und sozusagen „Interims-Gemeindeleitung", möchten wir als Wahlgemeinschaft Muckendorf-Wipfing unsere wunderschöne Heimatgemeinde wieder mit frischem Elan und einer klaren Vision in die Zukunft führen. Unter der Führung unseres ehemaligen Bürgermeisters Hermann Grüssinger treten wir an, um mit Tatkraft und Energie das Wohl unserer Gemeinde zu fördern, um wieder einen von den Bürgern „gewählten" Bürgermeister an der Spitze unserer Gemeinde zu haben.

Gemeinsam möchten wir Muckendorf-Wipfing „wieder und weiterhin" zu einem Ort machen, an dem sich alle Generationen wohl fühlen. Wir träumen von einer lebendigen Gemeinschaft, in der Miteinander und Engagement großgeschrieben werden. Wo Ideen auf fruchtbaren Boden fallen, wo Nachbarschaft und Zusammenhalt spürbar sind!

Wir laden Sie ein, Teil dieser Vision zu werden – denn jede Stimme zählt, jeder Gedanke bringt uns weiter!

Geben Sie Ihre Stimme der
Liste H. Grüssinger und

Unsere Leidenschaft für das, was wir tun, treibt uns an, den Wandel aktiv zu gestalten. Wir verlassen uns nicht auf „wird schon werden", wie unser aktueller Bürgermeister Harald Germann, oder sollte man besser sagen – Bremsmeister. Wir wollen die Dinge wieder anpacken und wichtigen Projekte auch umsetzen und nicht hinauszögern, damit am Ende andere Städte oder Gemeinden davon profitieren.

Lassen Sie sich von unserem Enthusiasmus anstecken! Auf den kommenden Seiten stellen wir Ihnen die engagierten Mitglieder der Wahlgemeinschaft WMW vor, die gemeinsam mit Hermann Grüssinger die Zukunft unserer Gemeinde aktiv gestalten möchten. Jede und jeder von uns bringt eine einzigartige

Perspektive und frische Ideen mit – zusammen sind wir stark und können in den nächsten Jahren viel Gutes für Muckendorf-Wipfing erreichen! Lassen Sie uns gemeinsam die Ärmel hochkrempeln und anpacken, damit Muckendorf-Wipfing weiterhin blüht und gedeiht. Ihre Unterstützung und Ihre Stimme sind unser Antrieb. Gemeinsam schaffen wir das!

Ihr Team der WMW Liste H. Grüssinger
VOLLER EINSATZ – STATT STILLSTAND - Sie entscheiden!
Das Power-Team für unsere Gemeinderatswahl

Ich will es noch einmal wissen – Kandidat für den Bürgermeister -
Hermann Grüssinger

VOLLER EINSATZ – STATT STILLSTAND – Sie entscheiden!

Bürgermeister-Kandidat – Liste H. Grüssinger

Hier meine 5 zentralen Projekte, die unsere Gemeindearbeit in der kommenden Legislaturperiode prägen sollen.

01. Nummer 1 ist der Bau unseres neuen Schulcampus. Aktuell steht alles still. Der aktuelle „Bremsmeister" – so würde ich Harald Germann nennen, tut alles, um nichts tun zu müssen. Dieses große Vorhaben dürfen wir nicht an eine Nachbargemeinde verlieren. Wir müssen daher im Jänner nach der Wahl sofort beginnen, die stillgelegten Verhandlungen wieder aufzunehmen und klärende Gespräche mit den Verantwortlichen des Landesschulrates beginnen, um wiederum eine eigene Schule zu haben.

02. Ein weiteres wichtiges Ziel wird die Etablierung eines praktischen Arztes in unserer Gemeinde sein. Wir wissen, dass diese Herausforderung nicht einfach ist, doch wir haben den Willen, dranzubleiben und Lösungen zu finden. Ein Arzt oder eine Ärztin in Muckendorf-Wipfing wird die Gesundheitsversorgung enorm verbessern. All dies erfordert aber unser gemeinsames Engagement, doch wir sind überzeugt, dass wir auch dieses Ziel erreichen.

03. Ein bedeutender Schritt in Richtung Sicherheit und Lebensqualität wird auch der Umbau der Bahn-Kreuzung durch die ÖBB sein. Gemeinsam mit den Verantwortlichen wollen wir die Schrankenanlagen beseitigen und Unterführungen schaffen. Diese Maßnahmen sind nicht nur notwendig, um den Verkehrsfluss zu verbessern, sondern auch um die verschiedenen Teile unserer Gemeinde noch enger miteinander zu verbinden – als Zeichen des Zusammenhalts!

04. Darüber hinaus setzen wir uns für leistbares Wohnen ein. Wir haben die Chance, Wohnprojekte zu entwickeln, die den Bedürfnissen unserer jungen Familien, aber auch von Senioren gerecht werden. Dies wird sicherstellen, dass man auch in Zukunft in unserer Gemeinde nicht nur eine Familie gründen kann, sondern dass auch jeder angenehm und gesund alt werden kann.

05. Saubere Umwelt auch für die nächsten Generationen garantieren. In meiner Zeit als Bürgermeister für diese Gemeinde, haben wir schon viel erreicht für unsere Umwelt und wurden dafür auch mehrfach ausgezeichnet. Egal ob die Sicherung der Wasserversorgung und der Abfallentsorgung, der Beitritt zur Klimabündnis-Gemeinde im Jahr 2010 oder die Verleihung der Plakette zur gesunden Gemeinde 2013. Was derzeit auf Eis liegt, durch die Untätigkeit des Bremsmeisters. Der Ausbau von Solaranlagen und die weiteren Projekte zum Schutz von Klima und Natur.

Das Team der Liste H. Grüssinger steht bereit.

Die Dynamik des Teams verspricht einiges. Es sind durchwegs erfahrene und weitsichtig handelnde Personen im Team, die die Ruder der Gemeinde wieder in die richtige Richtung steuern wollen. Damit die GOLDENEN ZEITEN endlich weitergehen!

VOLLER EINSATZ – STATT STILLSTAND – Sie entscheiden!

DAS TEAM DER LISTE H. GRÜSSINGER

Spitzenkandidat und Listenführer

Bürgermeister a.D.
Hermann Grüssinger
Leopold Bonengl-Gasse 5,
Muckendorf; verheiratet, zwei
Töchter, ein Sohn

War seit 1. Jänner 1998 bis zum
März 2023 Bürgermeister. Weiters
in dieser Zeit Vorstandsmitglied im
Abwasser-, Standesamts- und
Staatsbürgerschaftsverbandes St.
Andrä-Wördern, Vertreter der
Gemeinde in der Volksschul-
gemeinde Zeiselmauer.

Bürgermeister a.D. Hermann Grüssinger zählt zu den erfahren-
sten Bürgermeistern im Bezirk. Durch seine langjährige Tätigkeit
in verschiedensten Funktionen der Kommunalpolitik ist er ein
absoluter Profi die Gemeindeaufgaben und ihre Verwaltung
betreffend. Nicht unwesentlich für das Wohl unserer Gemeinde
sind seine guten Kontakte bis in die höchsten Gremien der
Landesregierung und der Landesverwaltung. Sein unermüdlicher
Einsatz für unsere Gemeinde und ihre Bevölkerung ist in allen
Bereichen einer modernen und zukunftsorientierten Gemeinde
erkennbar. Jeder, der die letzten drei Jahrzehnte die Entwicklung
von den ersten Trennungsgedanken, der Trennung 1998 sowie der
Entwicklung unserer eigenständigen Gemeinde erlebt hat, weiß,
wer dabei die treibende Kraft war.

„Ohne Bürgermeister a.D. Grüssinger würde es unsere Gemeinde nicht in dieser Form geben." (Franz Eckhard)

Auch offizielles Lob für die Leistungen eines Bürgermeisters durch KDZ!

Da bei der **Wahlgemeinschaft Muckendorf-Wipfing Liste H. Grüssinger** (WMW-LHG) ein Generationswechsel ansteht, wird eine seiner vordringlichsten Aufgaben in den nächsten Jahren sein, die WMW-LHG personell zu verjüngen. Wichtig wird auch sein, die anderen Fraktionen im Gemeinderat wiederum auf ein „Miteinander für Muckendorf-Wipfing" einzuschwören.

„Dazu brauche ich, wie bei den letzten fünf Wahlen Eure tolle persönliche Unterstützung."
(Hermann Grüssinger)

VOLLER EINSATZ – STATT STILLSTAND – Sie entscheiden mit Ihrer Stimme bei der Gemeinderatswahl im Jänner!

GR Gerhard Westermayer

Oberfeldgasse 6, Wipfing
Selbständig, verheiratet

Seit 1. Jänner 1998 Gemeinderat
Obmannstellverteter im
Prüfungsausschuss
Langjähriger Kommandant der FF
Muckendorf-Wipfing.

Gerhard Westermayer ist aufgrund seiner Berufsausbildung immer wieder ein wichtiger Ansprechpartner in allen technischen Angelegenheiten. Als ehemaliger Kommandant unserer Feuerwehr sind seine Meinung und Erfahrung im Bereich der Feuerwehr für die Mitglieder des Gemeinderates von großer Bedeutung. Dies beinhaltet auch sein Fachwissen in allen Sicherheitsfragen. Seit 1998 im Gemeinderat, kennt er die Gemeinde in- und auswendig, was ein Riesenvorteil bei der Erfüllung seiner Funktion ist. Unter seiner Führung wurde gemeinsam mit der Gemeinde nicht nur das neue Feuerwehrhaus errichtet, sondern auch die FF Muckendorf-Wipfing auf hohen technischen Ausrüstungsstand gebracht.

Jahrelang als Feuerwehrkommandant unserer Feuerwehr tätig, mit Führungsaufgaben im Abschnittsfeuerwehr-Kommando Tulln und mit Aufgaben im NÖ Landesfeuerwehrverband im Bereich Ausbildung betraut, bietet er sich auch weiterhin für Führungsaufgaben im Gemeindebereich bestens an.

Für die schwierigen Aufgaben der Zukunft brauchen wir wieder
KLARHEIT – SICHERHEIT – STABILITÄT!

VOLLER EINSATZ – STATT STILLSTAND – Sie entscheiden!

Franz Eckhart

Franz-Schubert-Straße 5, Muckendorf
Lebt in einer Partnerschaft, ein Sohn

Durch meine Eltern war ich schon in meinen jungen Jahren politisch interessiert. Als SPÖ Vorsitzender war ich bei den Vorgesprächen zur Gemeindetrennung dabei. Ab dem 01.01.1998 waren wir endlich eine eigenständige Gemeinde, was mir auch am Herzen lag. Als SPÖ Gemeinderat war ich immer an einer konstruktiven Zusammenarbeit interessiert und bemüht. Berufsbedingt musste ich nach einigen Jahren mein Mandat im Gemeinderat zurücklegen. Ich hatte als ÖBB-Betriebsratsvorsitzender mit mehreren tausend Mitgliedern einen sehr aufreibenden Job übernommen.

Mein Jugendfreund Hermann Grüssinger hat 25 Jahre lang zum Wohle unserer Gemeinde gearbeitet und ich bin stolz, dass wir einige Projekte, die aus der SPÖ-Ideenwerkstätte stammten, gemeinsam umsetzen konnten. Kooperation ist für Hermann kein leeres Wort. Aufgrund der für mich unverständlichen politischen Vorkommnisse im Jahr 2023, bei der unser BGM Hermann Grüssinger von einigen Revoluzzern hinterrücks eliminiert wurde, will ich nun mit ihm und **seinem/unserem** Team wieder für unsere Gemeinde tätig werden. Er hat es verdient, von allen Seiten unterstützt zu werden, um die Visionen, die noch für eine „fertiggestellte" Gemeinde im Raum stehen, umzusetzen. Ich denke, dass ich durch meine jahrelange Erfahrung im Personalwesen und meine Ausbildung im Sozialbereich meinen Beitrag für unsere Gemeinde leisten kann.

Wir brauchen in unserer Gemeinde
ERFAHRUNG – ANSTAND – HALTUNG!

VOLLER EINSATZ – STATT STILLSTAND – Sie entscheiden!

 Wahlgemeinschaft Muckendorf-Wipfing / Liste H. Grüssinger

Ing. Mag Patrick Volkert

Eschengasse, Wipfing
Steuerberater/ Wirtschaftsprüfer
45 Jahre, drei Kinder

Ich lebe seit 2006 in Muckendorf-Wipfing und durfte mich bereits in der Wahlgemeinschaft Muckendorf-Wipfing von 2015 bis 2018 als geschäftsführender Gemeinderat einbringen. Mit Hermann Grüssinger haben wir einen Visionär an der Spitze, ohne den es Muckendorf-Wipfing in der Art, wie wir es kennen und lieben, nicht geben würde. Als Wirtschaftsprüfer und Steuerberater werde ich ihn wieder auf diesem Weg unterstützen, denn unsere Gemeinde hat es verdient, nicht einfach nur verwaltet zu werden. Besonders erfreut war ich über unser Ranking im Report des KDZ, das unserer Gemeinde eine Top-Wertung beim rechtlich einwandfreien finanziellen Gebaren und der Wirtschaftlichkeit ausstellt. Das wollen wir weiterführen und gemeinschaftlich werden wir hart daran arbeiten, dass Muckendorf-Wipfing eine absolute Top-Gemeinde in Niederösterreich bleibt.

VOLLER EINSATZ – STATT STILLSTAND – Sie entscheiden!

Christian Wolf
Johann Strauß Gasse 1, Muckendorf
Bundesheer
49 Jahre, ein Sohn

In unserem schönen Muckendorf aufgewachsen, liegt mir als Ehemann und stolzer Vater eines 9-jährigen Sohnes die Zukunft unserer Gemein- de besonders am Herzen. Beruflich bin ich seit vielen Jahren als Berufssoldat tätig, was mir Ausdauer, Verantwortungsbewusst- sein, Teamarbeit und strukturiertes Arbeiten vermittelt hat – Qualitäten, die ich auch in die Gemeindearbeit einbringen möchte.

Neben meiner beruflichen Tätigkeit bin ich in unserer Gemein- schaft aktiv: Als Mitglied des Fischerei- und des Fußballvereins habe ich erlebt, wie wichtig Zusammenhalt und Engagement vor Ort sind. Deshalb möchte ich mich nun politisch einbringen, um unseren Ort gemeinsam weiter voranzubringen.

Ich bin gerne bereit gemeinsam für die Zukunft von Muckendorf- Wipfing im Einsatz zu sein.

VOLLER EINSATZ – STATT STILLSTAND – Sie entscheiden!

Ing. Nikodem Trebicki
Rapsgasse 4, Muckendorf
Servicetechniker
45 Jahre
verheiratet, vier Kinder

Ich lebe mit meiner Familie seit 1996 in Muckendorf. Die großartige Entwicklung der Gemeinde seit 1998 habe ich erleben dürfen und bin von einer weiteren guten Entwicklung mit dem richtigen Team überzeugt.

Ich will mich in dieses WMW-LHG Team positiv einbringen und meinen Beitrag dazu leisten, dass Muckendorf-Wipfing auch weiterhin zu den Top-Gemeinden zählt und seinen Status als Wohlfühlgemeinde behält.

VOLLER EINSATZ – STATT STILLSTAND – Sie entscheiden!

Christoph ERNST
Pepi-Langer-Gasse 14, Muckendorf
Inspektionist Maschinenbau
verheiratet, ein Sohn

Aufgewachsen in Tulbing und mit Großeltern in Muckendorf ist er seit seiner Kindheit familiär eng mit der Gemeinde verbunden. Seit 2013 wohnt er auch hier bei uns.

Als Vater eines 10-jährigen Sohnes liegt ihm besonders am Herzen, die Lebenswelten der Kinder und Jugendlichen aktiv mitzugestalten. Gleichzeitig möchte er sicherstellen, dass auch die Bedürfnisse und Anliegen der Eltern sowie der Seniorinnen und Senioren in unserer Gemeinde Gehör finden.

Gemeinsam mit dem Team der **WMW Liste H. Grüssinger** möchte er an die Errungenschaften der letzten 25 Jahre anknüpfen und sich für die Anliegen aller Bürgerinnen und Bürger stark machen, um Muckendorf-Wipfing zu einem noch lebenswerteren Ort für uns alle zu gestalten.

VOLLER EINSATZ – STATT STILLSTAND – Sie entscheiden!

Prof. Mag. Anton Hofbauer
Hauptstraße 17, Wipfing
Professor im Ruhestand
68 Jahre, verheiratet, eine Tochter

Seit dreißig Jahren in Wipfing wohnhaft, möchte er sich bei zukünftigen Vorhaben der Gemeinde einbringen. Durch seine 40-jährige Tätigkeit im Bildungsbereich ist ihm nicht nur die Schule ein besonders Anliegen, sondern er steht auch für eine zukünftige Weiterentwicklung der Gemeinde, die in den letzten Jahrzehnten eine wahre Erfolgsgeschichte ist und kontinuierlich weitergeführt werden soll.

Gerald Roitner, akad. BM
Bankangestellter, selbst. Consultant
52 Jahre, verheiratet, zwei Kinder

Seit rund 13 Jahren ist er in Muckendorf beheimatet. Durch den beruflichen Hintergrund kann er in der Gemeindepolitik in wirtschaftlichen Bereichen unterstützend tätig sein. Er verfügt über viel Erfahrung in den Bereichen Projektplanung, -gestaltung und -umsetzung. Die Weiterentwicklung der Gemeinde Muckendorf-Wipfing ist eines der erklärten Ziele. Neben den ökonomischen Themen ist er sportinteressiert. Seine Familie und er genießen das beschauliche Dorfleben in Muckendorf.

VOLLER EINSATZ – STATT STILLSTAND – Sie entscheiden!

Wahlgemeinschaft Muckendorf-Wipfing / Liste H. Grüssinger

Mario Kornfeil
Johann-Strauß-Gasse 1, Muckendorf
beschäftigt bei den Wiener Linien im
Ausbildungssektor; 41 Jahre

Ich lebe seit 17 Jahren in Muckendorf und möchte die sensationelle Entwicklung der Gemeinde weiter unterstützen. Selbst habe ich einige Jahre als Fußballtrainer für unsere Kinder gearbeitet und bin heute gerne in unserer Gemeinde unterwegs, um die Natur zu genießen. Dies sollte erhalten und geschützt werden. Weiters sollten die Angebote für Kinder, die über Jahre aufgebaut wurden, wachsen.

Walter Miedler
Stromsiedlung 3/3/4, Muckendorf-
Wipfing
Pensionist, ein Sohn

Die Förderung der körperlichen, geistigen und seelischen Gesundheit unserer Kinder sollte uns allen ein großes Anliegen sein. Als Papa von Tennisprofi Lucas Miedler weiß ich, wie vorteilhaft sich Schulen und Sportanlagen in unmittelbarer Nähe auf die positive Entwicklung eines Kindes auswirken können. Durch den Bau einer neuen Volksschule in Muckendorf-Wipfing statt einer Beteiligung an einer solchen in Zeiselmauer bietet sich eine Jahrhundertchance zum Ausbau der ja sowieso schon sehr umfangreich vorhandenen Infrastruktur beim Sportzentrum. Das würde vielen Kindern, Eltern und Großeltern lange und umständliche Transfers und unserer Gemeinde die Kosten für den Schulbus ersparen. Dafür will ich mich in Zukunft einsetzen.

Matthias Grüssinger MSc.

Ahorngasse 4, Wipfing
Berufspilot
32 Jahre, ledig

Matthias Grüssinger ist seit der Kindheit tief in der Gemeinde Muckendorf-Wipfing verwurzelt. Teamfähigkeit und Einsatz sind zwei Eigenschaften, die er in seiner langjährigen Tätigkeit als Spieler und Vorstandsmitglied des USC Muckendorf/Z erlernen durfte und in der Arbeit für die Gemeinschaft einbringen möchte. Sein beruflicher Alltag besteht aus dem Kontakt mit Menschen aus aller Herren Länder und verschiedenen Kulturen. Der damit verbundene Blick über den Tellerrand ist ein wichtiger Aspekt für die zukunftsorientierte Arbeit für die Gemeinde.

VOLLER EINSATZ – STATT STILLSTAND – Sie entscheiden!

GANZ AM ENDE EINE KLARSTELLUNG,
DIE MIR AM HERZEN LIEGT!

Als früherer Bürgermeister von Muckendorf-Wipfing war es für mich einer der tiefsten Momente, auch menschlich gesehen, mit den falschen und böswilligen Anschuldigungen konfrontiert zu werden, die letztlich meinen Rücktritt ausgelöst haben. Während meiner Amtszeit habe ich immer darauf geachtet, keinerlei persönlichen Vorteile aus meiner Position zu ziehen. Ganz im Gegenteil. Die unzähligen Stunden und Tage, die ich für meine Gemeinde investiert habe, gehen weit über meine Dienstverpflichtung hinaus. Die gesamte Angelegenheit erscheint heute wie ein abgekartetes Spiel. Man wollte mich loswerden – so einfach und brutal. Die Anschuldigungen basierten auf haltlosen Gerüchten und trotz massiver rechtlicher Drohungen gibt es bis heute keine Anklage, kein Verfahren, einfach nichts. Ich bezeichne die Ereignisse als einen „Putsch" und behaupte, dass diejenigen, die vor über einem Jahr die Kontrolle über die Gemeinde übernahmen, dies nicht durch demokratische Wahlen, sondern durch eine Verschwörung getan haben.

In Bezug auf die Behauptungen, die gegen mich erhoben wurden, betonte ich, dass der Vorwurf, in Bauträger-Tätigkeiten verwickelt zu sein, auf falschen Annahmen beruhte. Ich wies darauf hin, dass ich Grundstücke zum Marktpreis erworben habe, während mein Kritiker Herr Geiger Grundstücke mit erheblichem Gewinn verkaufte. Zudem legte ich dar, dass ich stets darauf bedacht war, dass auch die Einwohner von Muckendorf und Wipfing die Möglichkeit hatten, zu fairen Preisen an Grundstücke zu gelangen. Ich warf Geiger vor, die Situation aufgebauscht und mit Anzeigen gedroht zu haben, obwohl zu diesem Zeitpunkt keine konkreten Anschuldigungen gegen mich vorlagen.

ICH LASSE MICH NICHT UNTERKRIEGEN!

Ich betone hier und für alle, dass die gegen mich erhobenen Vorwürfe auf Missverständnissen und unbegründeten Anschuldigungen beruhten. Ich finde es noch immer erschreckend, wie unangemessen und untergriffig die gesamte Aktion war, die letztendlich zu meinem erzwungenen Rücktritt führte.

Letzte Amtsstunde 2023 mit Freunden

In den Wochen nach meinem Rücktritt aus dem Amt des Bürgermeisters begann sich langsam die Wahrheit über die Hintergründe der Anschuldigungen herauszukristallisieren. Es stellte sich heraus, dass GfGR Leo Geiger und Gattin sowie seine Verbündeten schon lange vorher einen Plan geschmiedet hatten, um mich aus dem Amt zu drängen. Es ging um persönliche Rachegelüste und um die Machtübernahme in der Gemeinde. Es war offensichtlich, dass hier jemand gezielt versuchte, meinen Ruf zu ruinieren und mich zum Sündenbock für seine eigenen Machenschaften zu machen. Doch ich ließ mich nicht einschüchtern.

Bis heute gibt es kein Verfahren, keine Anklage, nur hinterhältige Lügen, ich war und bin unbescholten.

MEINE BITTE:

Ich möchte auf alle Fälle und unbescholten wie ich bin, wieder als Bürgermeister in unsere Gemeinde zurückkehren, um noch eine weitere Amtszeit für alle in Muckendorf-Wipfing zu arbeiten. Denn es gibt noch einiges zu tun. Ich trete daher wieder an, um von den Bürgern als BÜRGERMEISTER demokratisch gewählt zu werden.

Ich danke auch meiner Familie, dass sie mich in dieser unschönen Zeit so unterstützt hat.

Euer BGM a.D. Hermann Grüssinger

Ach ja, da war ja noch was ... mein 70er!
Jetzt bin ich zwar älter, aber weise 😊

Ja, ja, ich höre manche schon grummeln. Was will der Alte noch im Gemeinderat. Ich sage klipp und klar – ich bin schon ein bissl älter, das stimmt. Aber mit dem Alter kommt auch die Weisheit und die braucht man als Bürgermeister. Und auch ein großes Maß an Bauernschläue, um mit all den Gesetzen, Vorschriften und der ganzen Behördenwillkür umgehen zu lernen. Ich habe gelernt in meiner langen Zeit im Gemeinderat und dann in den vielen Jahren als Bürgermeister von Muckendorf-Wipfing. Ohne diese Bauernschläue und Sturheit hätten wir unsere Freiheit als selbständige Gemeinde glaube ich nicht bekommen. Es hat also nicht nur Nachteile zur Boomer-Generation zu gehören.

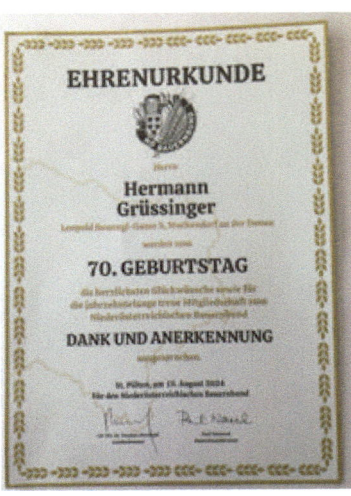

Im Sommer 2024 habe ich also meinen 70. Geburtstag gefeiert und mich dabei auch klar entschieden noch einmal zur Bürgermeisterwahl anzutreten. Denn, ich habe da noch was zu erledigen in der Gemeinde. Es war mir immer eine große Ehre, so viele Jahre im Dienst von Muckendorf-Wipfing gestanden zu haben und „vielleicht" und mit „Eurer Unterstützung" ab 2025 auch wieder für das Wohl unserer Gemeinschaft arbeiten zu dürfen.

Die Feierlichkeiten zu meinem runden Geburtstag waren überwältigend. Der Bauernbund, die Freiwillige Feuerwehr, der Sportverein und zahlreiche Bürgerinnen und Bürger haben mir gratuliert.

DANKE AN EUCH ALLE!

Wahlgemeinschaft Muckendorf-Wipfing / Liste H. Grüssinger

Die viele Unterstützung und Anerkennung bedeuten mir sehr viel (vor allem nach der unrühmlichen und ungerechten Abwahl meiner Person) und bestärken mich darin neu zu kandidieren.

In den vergangenen – ach Kinder, ich darf gar nicht daran denken, wie die Zeit vergeht ... Also in den vergangenen Jahrzehnten habe ich viele wichtige Projekte initiiert und umgesetzt, die das Leben in unserer Gemeinde nachhaltig geprägt und, wie ich hoffe, auch verbessert haben. Meine Vision war es stets, Muckendorf-Wipfing zu einem vitalen und lebenswerten Ort zu machen.

Die besonderen Projekte, die mir dabei immer am Herzen gelegen sind, waren einerseits die Modernisierung unserer Infrastruktur. Denn durch den Ausbau der Straßen und die Verbesserung der öffentlichen Verkehrsmittel haben wir die Mobilität in unserer Gemeinde erheblich gesteigert. Andererseits war mir die Förderung von Bildungs- und Freizeitangeboten für Jugendliche und Senioren in Anliegen. Denn genau diese Projekte sind es, warum die Lebensqualität in unserer Gemeinde so hoch ist. Das ist nicht nur mein Verdienst, sondern auch die enge und meist positive Zusammenarbeit mit den verschiedenen Parteien, Vereinen und den Bürgern hat dabei IMMER eine zentrale Rolle gespielt.

Alleine kann ein Bürgermeister nichts weiterbringen – er braucht auch ein Team um sich herum, das vor Motivation strotzt und zupacken kann. Das habe ich immer gehabt – bis „fast" zum Schluss. Dann gab's ein „Hackel ins Kreuz", von jenen, von denen ich es am wenigsten erwartet habe. Sei's drum. Aus Schaden wird man klug und genau darum haben mir die Glückwünsche zu meinem Geburtstag so gutgetan. Die Gratulationen und guten Wünsche, die ich von den verschiedenen Vereinen und Bürgern erhalten habe, spiegeln die tiefe Verbundenheit und das Vertrauen wider, das unsere Gemeinde in mich setzt.

Ich verspreche, ich werde mit meiner Erfahrung und meiner durch die langen Jahre gesammelte Bürgermeister-Weisheit auch in Zukunft alles daransetzen, Muckendorf-Wipfing weiter voranzubringen und unsere wunderbare Gemeinschaft zu stärken.

DAHER MEINE FRAGE: Welche Projekte oder Initiativen liegen Euch besonders am Herzen? Was soll in der kommenden Legislaturperiode in der Gemeinde umgesetzt werden?

VOLLER EINSATZ – STATT STILLSTAND!
Ihr alle entscheidet bei der Wahl im Jänner 2025!